Le Tournesol des Sages

Leona Constantia

ISBN : 9798867806347

I.A. (Introduction Artificielle)

Ce texte a été traduit principalement à l'aide du site de traduction deepl.com et du site de reconnaissance de texte readcoop.eu, tous les deux utilisant l'I.A. Comme complément nous avons utilisé : Google traduction, pons.com, glosbe.com, translate.yandex.com, reverso.net ; et pour les parties en latin, gaffiot.fr.

TABLE DES MATIÈRES

iv

Le Tournesol des Sages[1]

qui est :

une présentation claire et nette de la préparation
de la pierre philosophale, ainsi qu'une
condamnation de ceux qui s'y efforcent sans
raison, et un avertissement bienveillant sur les
matières dont il faut se méfier, l'auteure mettant
devant les yeux du monde ses propres erreurs,
qu'elle a commises dans des travaux sans
fondement.

Réalisé pour l'impression publique
et mise en lumière par

LEONA CONSTANTIA

Triomphant dans les afflictions.
En l'an 1704

---

[1] Traduction allemande du livre: *Sonnenblume der Weisen, das ist: eine helle und klare Vorstellung der Praeparirung dess philosophischen Steins, neben Bestraffung derjenigen welche sich ohne Grund hierinnen bemühen : wie auch eine wohlmeinende Warnung in was vor Materien man sich hierinnen zu hüten, indem die Authorin ihre selbst-eigene Thorheiten, so sie in ungegründeten Arbeiten begangen, aller Welt vor Augen stellet* (1704).

Job. XXVIII. v. 12.

Mais où trouver la sagesse ?

Et où est le lieu de l'intelligence ?

Le voici ! La recherche de l'Éternel, c'est la sagesse, et le fait de s'abstenir du mal, c'est l'intelligence.

PROVERB. II.

Et si tu l'appelles et la demandes avec diligence : Si tu les cherches comme l'Argent, et que tu les sondes comme des trésors, tu entendras la recherche de l'Éternel, et tu trouveras la connaissance de Dieu ; ainsi l'Éternel donne la sagesse, et de sa bouche sortent la connaissance et l'intelligence.

À l'attention du Généreux et bien-aimé Lecteur.

Il est certes trop vrai que seuls ceux qui savent et qui ont appris doivent écrire des livres, et que les autres, étant ignorants, ne doivent que les lire et les entendre, afin d'acquérir par eux aussi de l'intelligence ; ce qui, pour le premier, ne peut pas m'être attribué injustement comme leçon. Mais si j'ose mettre au jour publiquement ce petit Traité, c'est uniquement parce que j'ai longtemps fréquentée la Chymie, et que j'y ai éprouvé la plus grande peine et le plus grand travail, que j'aimerais maintenant, par compassion, donner à d'autres qui n'en sont pas moins au courant, que le meilleur guide pour eux, c'est-à-dire de prendre le chemin du retour en temps utile, et je pourrais être, au moyen de mes propres préjudices, une lumière indiquée, si ce n'est de partir plus loin, ou au moins d'arriver au rivage de la félicité, avec la plus riche jouissance (ce à quoi pourtant peu arrivent, sauf quelques-uns seulement), ou alors de prendre aussitôt la ferme résolution de revenir en arrière, afin qu'ils puissent ainsi être dispensés de la peine et du danger extrêmement grands à venir ; voyez donc, Lecteur bien-aimé, quel est mon but, qui ne peut en aucun cas m'être imputé ; il se trouve que sur cet aveu, non seulement des abeilles bénéfiques, qui tirent de toutes les fleurs, même parfois les plus amères, un excellent miel médicinal, mais également des araignées nuisibles, ou d'autres animaux venimeux, peuvent s'y installer, ce qui ne saurait être changé, et il n'y a pas lieu de s'en étonner ; au temps de Salomon déjà, des mouches nuisibles gâtaient les onguents les plus délicieux : qu'attend-on maintenant, en ces temps de corruption plus grands encore, où, plus qu'au temps du premier monde, toute chair a été corrompue ? Certainement rien d'autre que le mépris et la moquerie, voire les jugements de son prochain.

Mais une âme avide de sagesse devrait-elle s'inquiéter d'être jugée par ceux qui sont eux-mêmes pleins de vices ? Celui qui, en tout temps, s'est efforcé d'aimer Dieu et son prochain autant qu'il le pouvait, avec sa faible, misérable et pécheresse capacité, devrait-il s'enquérir de savoir quand les Hommes l'insultent et le persécutent au plus haut point ? Et hélas ! S'ils étaient des Hommes !

Alors, être un Homme, c'est être ce que Dieu a créé sincèrement, mais qui maintenant a été corrompu par l'artifice du monde, dont Salomon, *Eccles. 7*[2], raconte qu'il a été entièrement corrompu, non ! Pas du tout ; c'est donc peu de chose pour un Chrétien, de se laisser juger par des Hommes : le bon plaisir et la médisance des gens ne font rien à notre piété : qu'importe que le monde vous considère comme tel ou untel ? Regardez seulement si vous pouvez tenir devant le tribunal de Dieu.

C'est pourquoi, si vos ennemis vous insultent et parlent mal de vous, si les vents de la

---

[2] L'Ecclésiaste 7:20 « Non, il n'y a sur la terre point d'homme juste qui fasse le bien et qui ne pèche jamais. »

persécution soufflent autour de vous, et si vous êtes pris dans la vaste mer, sous les vagues des mauvaises langues, éloignez-vous des vents de tempête, entrez dans la chambre de votre cœur, pacifiez-le, et s'il y est calme et tranquille, vous aurez lieu de vous en réjouir sincèrement ; si vous avez une bonne réputation dans votre cœur et auprès des gens pieux qui aiment l'honneur, vous ne pouvez rien désirer de plus, votre vertu vous rend assez célèbre, réjouissez-vous seulement de votre innocence ; un Homme vit aujourd'hui, demain il ne sera peut-être plus là : alors pourquoi craindre les Hommes ? C'est pourquoi vous ne devez pas mettre votre paix dans la bouche des Hommes, mais seulement en celle de Dieu et dans votre bonne conscience.

Un Homme vertueux cherche diligemment comment s'améliorer lui-même chaque jour, et il trouve tellement de choses qu'il ne pense même pas à ce que fait son prochain, si ce n'est pour son bien, de lui donner une aide dans l'une ou l'autre circonstance, ce qui est le devoir de tout Chrétien, de même que, si nous voyons quelqu'un qui a besoin de notre aide, il nous suffit de savoir qu'il est dans le besoin ; alors si nous devançons le désir de notre ami, ainsi nous redoublons notre bienfait, comme l'excellent jésuite Bona[3], en parle largement dans son *Manuduction ad Cælum*[4].

Mais en ces temps de grande dépravation, ce n'est de loin pas le but, et l'on est bien plus occupé à scruter les faits et gestes de son prochain, afin d'avoir assez de matière sur les bancs des moqueurs pour tout dénoncer au plus haut point et passer au crible.

Or, nous savons que c'est la coutume de ceux qui cherchent à s'amuser dans le monde et les choses du monde, mais ceux qui cherchent la vraie sagesse doivent toujours la regarder avec un œil de compassion et de pitié, dans l'espoir que le temps viendra où ils se connaîtront eux-mêmes ; entre-temps, ne cherchez

---

[3] Giovanni Bona (1609-1674)
[4] Manuductio at cælum (1658)

nullement à vous venger, mais tenez en bride ces mauvais désirs par la raison, accomplissez les œuvres de la vertu sans peine, mais avec plaisir et joie, balayez tout ajout intempestif, et cherchez à accomplir notre Œuvre avec un courage joyeux, en la gardant même secrète chez vous, et n'en faites pas étalage.

Si donc vous vous plaisez à témoigner de votre bonne conscience, et que vous êtes occupé sans cesse à cette vertu, vous en recevrez enfin la récompense ; s'exercer à la vertu, c'est l'œuvre la plus excellente d'un Chrétien, et c'est par elle que vous pouvez le mieux vous venger de ceux qui vous haïssent et vous persécutent.

Guevara en parle dans sa lettre de mission, tout pensif ; il dit : Dans le monde entier, il n'y a pas de triomphe plus glorieux que celui qui, par la vertu, pardonne et expie l'outrage qui lui a été fait.

Le maire Mamilius demanda un jour à Jules César quel était dans le monde l'honneur le plus noble ? On lui répondit : Mamilius ! Je te prie de croire, par les Dieux immortels, que je ne connais rien au monde où je puisse obtenir plus d'honneur ou de plaisir, que de pardonner à ceux qui m'insultent.

Phalaris, le tyran, a juré par les Dieux immortels qu'il ne s'irriterait jamais d'une mauvaise parole. Alors, dit-il, si un homme pieux l'a dit, je sais qu'il me l'a dit pour mon bien ; mais si c'est un fou qui l'a dit, je le reprendrais rapidement. Faites en sorte que vous appreniez la patience des tyrans. L'empereur Aurélius disait que Jules César avait obtenu l'empire par l'épée, qu'Auguste en avait hérité, que Caligula l'avait obtenu par l'intermédiaire de son père, qui avait vaincu les Teutons ; que Néron l'avait obtenu par la tyrannie ; que Titus l'avait obtenu en prenant la Judée ; Trajanus l'a obtenu par sa bravoure et sa noblesse d'âme ; mais Marc-Aurèle ne l'a obtenu que par la patience ; car c'est une vertu bien plus grande de supporter les outrages des méchants que de discuter avec les juristes à école supérieure. Que l'on puisse voir en outre que la vertu est le meilleur moyen de se venger de ses ennemis, c'est ce qui ressort des paroles de l'excellent orateur Cicéron. Il a dit un jour aux Romains : Je sais que vous ne m'enviez pas, parce que je ne suis pas celui que vous êtes, mais parce que vous ne pouvez pas être celui que je suis ; et dans ce cas, j'aime mieux que mes ennemis m'envient que mes amis me plaignent.

Ces païens ont-ils parlé, et ont-ils donc su pratiquer cette excellente vertu ? Pourquoi donc, nous qui nous disons Chrétiens, refuserions-nous non seulement d'imiter ce païen louable, mais encore, ne pouvons-nous pas nous empêcher de suivre les traces de notre modèle de vertu ? Son ordre explicite est : Bénissez ceux qui vous maudissent, afin que vous soyez fils de votre Père céleste miséricordieux.

Mais pour que, ce point m'entraînant un peu loin, la préface ne soit pas plus grande que le Traité lui-même, je n'ajouterai que ceci, c'est de répondre un peu à ceux qui se permettront peut-être de me reprocher, en tant que femme, d'entreprendre des choses qui ne conviennent pas du tout au même sexe, c'est-à-dire d'entretenir assidûment la cuisine et la quenouille, et de faire connaître au public masculin le travail qu'ils devraient entreprendre ; et comme cela est plus que vrai, je ne m'efforcerai pas longtemps de démontrer cette vérité par des contre-arguments (comme on pourrait le faire encore de bien des manières), mais j'ajouterai seulement les sages discours de cette Romaine Cornelia, dont les Histoires rapportent que ses écrits étaient si bien taillés que Cicéron lui-même aurait pu tirer parti des écrits de cette femme, en prononçant entre autres ces paroles, à savoir : Si le nom d'une femme ne déshonorait pas Cornélia, elle serait à juste titre la plus éminente de toutes les sophistes ; je n'ai jamais vu un discours aussi élevé et profond émaner d'une chair aussi délicate. D'où l'on voit clairement ce que cet éminent païen, Cicéron, pensait des écrits d'une femme. Cette Cornélia, dans une très sage leçon, prononce ces paroles envers ses douze fils et quelques autres : Je dis aux Dieux immortels un ineffable merci pour les grâces qu'ils m'ont accordées ; d'abord, parce qu'ils m'ont rendue intelligente et non pas insensée ; puis, parce qu'il suffit que les femmes soient faibles de nature, sans qu'on doive les réprimander pour leur sottise. D'autre part, elle m'a donné, dans mes épreuves, la force de les surmonter ; et enfin, les tribulations qui ne peuvent être surmontées par la patience sont les seules que l'on puisse considérer comme des épreuves, et que seul est malheureux l'Homme à qui les Dieux ont refusé la patience dans ses épreuves. Voilà donc brièvement tout ce que j'ai l'intention de répondre sur ces points : et comme je tais mon nom, personne ne pourra s'imaginer que c'est par orgueil de me faire voir. Je suis heureuse de constater que je désire servir mon prochain par ce moyen ; celui qui le croit et qui l'accepte d'un cœur aussi sincère que celui que je lui communique pourra en tirer de multiples avantages ; quant aux autres, je les abandonne à bon compte, et je m'engage courageusement et intrépidement à l'Œuvre que je me propose d'accomplir.

La sagesse éternelle de Dieu s'est efforcée de faire entendre sa voix forte et ses cris dans les chemins et les rues, et même aux portes où l'on entre dans la ville, et elle a prononcé ces paroles : O vous qui êtes stupides, jusqu'à quand serez-vous stupides ? Jusqu'à quand, moqueurs, prendrez-vous plaisir à la moquerie, et vous, impies, jusqu'à quand haïrez-vous la doctrine ? Voyez ! Je vous enverrai mon Esprit, et je vous ferai connaître mes Paroles.

D'après cette aimable invocation de la sagesse éternelle, que le roi Salomon, le plus sage des Rois, invoque dans ses doctes proverbes, il est évident que l'ignorance dans laquelle se trouvent communément les aveugles du monde ne vient pas de ce que le Très-Haut Dieu, qui distribue si abondamment ses dons, en particulier à ceux qui le demandent et l'invoquent, leur refusent quelque chose, ou les laisse dans leur ignorance et leur aveuglement, non pas du tout ; c'est Dieu qui est la Sagesse même, qui nous donne l'Intelligence et la Connaissance ; Il éclaire nos yeux pour que nous puissions voir, il donne à notre bouche la distinction du goût, à la langue la parole, il procure l'odeur, le toucher, la marche.

En somme, notre corps tout entier est une représentation du grand Monde, c'est pourquoi l'Homme est appelé à juste titre le petit Monde, et ce qui est encore plus important, c'est que c'est là où réside et règne l'Âme immortelle, qui a son origine dans le souffle de Dieu, et qui, après avoir été brisée et rendue périssable par le corps (l'Homme est terre et retournera à la terre d'où il a été pris), reviendra à Dieu, qui aura pitié de toutes ses œuvres et de toutes ses créatures, et cette âme immortelle, après la putréfaction du corps, qui sera alors glorieusement ressuscité et clarifié, sera ainsi réunie à l'âme et au corps, à la louange et à la gloire de Dieu éternelle et infinie.

La faute doit donc nécessairement venir de l'Homme lui-même, à cause de son incrédulité ; quand il est dit qu'ils haïssent la doctrine, et qu'ils ne veulent pas de la justice du Seigneur, qu'ils ne veulent pas du conseil du Seigneur, mais qu'ils blasphèment contre tous ses châtiments, alors, dit Dieu, ils mangeront aussi du fruit de leurs entrailles, et se rassasieront de leur pâture.

On voit donc, en apparence, que cette désobéissance volontaire des stupides, les conduit eux-mêmes au malheur, et il n'y a donc rien d'étonnant à cela, que les Hommes en général, s'enlisent et restent dans leur aveuglement et leur ignorance, et s'égarent du droit chemin.

Mais pour ceux qui cherchent la sagesse avec une âme avide, il en est déjà autrement : ils recherchent le Seigneur de tout leur cœur, ce qui est alors le vrai commencement pour la sagesse, ils le cherchent avec un esprit fervent, et l'invoquent parce qu'il est proche et qu'on peut le trouver : ils rejettent à leurs pieds tous les honneurs et toutes les richesses de ce monde, et ils ne les considèrent pas comme nuisibles, ils n'en usent que comme des moyens appliqués, tandis qu'ils ne cherchent que la sagesse céleste, ils la recherchent avant tout, assurés que le reste (si cela est nécessaire) leur reviendra tout entier : leur esprit est toujours tourné vers Dieu, et ils se servent des choses extérieures de manière à ce que leur cœur ne s'y attache pas et ne se détourne pas du but qu'ils se sont proposé : ils aiment Dieu de tout leur cœur, et ne souffrent pas du tout de cette loi de l'amour, qu'on puisse aimer autre chose que Dieu, et se tourner vers les créatures, ce qui serait alors la plus grande ruine : en somme, parce qu'ils ne cherchent rien d'autre que Dieu et les choses divines, le Seigneur Dieu ne leur refuse pas ce qu'ils demandent, mais il leur accorde bien plus qu'ils ne désirent : il leur donne l'intelligence des choses terrestres comme celle des choses célestes ; la Nature tout entière est mise à nue devant eux, ils y voient les plus grandes merveilles, et plus ils apprennent de ces créatures, plus ils en apprennent sur leur créateur : ils le reconnaissent dans les œuvres glorieuses qu'il a faites dès le commencement, ils le reconnaissent dans sa miséricorde, et ils feront preuve de miséricorde envers les autres, dans sa justice et dans son jugement ; c'est pourquoi ils ne se souilleront d'aucune injustice, en témoignant d'une certaine manière de l'injustice envers leur prochain ; la justice est leur habit, et la vérité leur principal ornement ; et s'il arrivait, ce qui ne manquerait pas d'arriver, qu'ils fussent insultés d'une manière ou d'une autre par leurs détracteurs et leurs persécuteurs, et qu'ils souffrissent de la part de leurs ennemis une extrême oppression, tant par le vol de leurs honneurs et de leurs biens que par toute autre oppression honteuse et ignoble (c'est le propre du Christianisme d'être méprisé, raillé, outragé et blasphémé ; mais un vrai Chrétien se réjouit de cet opprobre, c'est pourquoi il s'entoure de tous ces mensonges et de tous ces blasphèmes comme d'un ornement ; alors, si le monde n'agissait pas ainsi à son égard, il serait privé de la marque d'un saint enfant de Dieu) ils suivent néanmoins l'avertissement de l'apôtre, ne vous vengez pas les uns des autres, mes bien-aimés, mais faites place à la colère, le Seigneur est le vengeur[5] ; le Seigneur, qui pardonne tout, rendra aussi la pareille à vos ennemis, il fera payer déjà leur malice, il lancera sur la joue de tous vos ennemis une pierre de fronde, et cela, les âmes pieuses le savent bien, c'est pourquoi elles supportent tout avec patience : elles savent que l'Éternel jugera toutes ces choses en leur temps, et que l'Éternel tient dans sa main une coupe remplie d'une boisson forte, c'est dans cette coupe que les méchants en boiront les lies.

Elles savent que le Seigneur se lèverait, qu'il aurait pitié de Sion, et qu'il y mettrait fin, afin qu'elles n'entendissent plus la voix de celui qui se larmoierai. Elles savent aussi que, lorsqu'elles auront achevé leur pèlerinage ici-bas, elles auront un édifice construit par Dieu,

---

[5] Romain 12 : 19 « Ne vous vengez pas vous-mêmes, bien-aimés, mais laissez agir la colère de Dieu, car il est écrit : c'est à moi qu'appartient la vengeance, c'est moi qui donnerai à chacun ce qu'il mérite, dit le Seigneur. »

une maison qui n'est pas faite de main d'Homme, mais qui est éternelle dans les cieux, où elles pourront voir Dieu face à face ; elles le verront alors tel qu'il est, et elles seront changées en cette même image : Ô mon âme ! Émerveille-toi ici de cette contemplation divine, et plie-toi devant un Dieu si saint. Ô mon âme ! Que rien en ce monde ne te détourne de cette contemplation digne d'émerveillement, si grande que soit l'adversité. Ô pénètre cette clarté éternelle, ce bien-fondé éternel pour contempler l'éternité. Ô quand donc viendra le temps où, à partir de ce travail imparfait, je serai amenée à la plus haute perfection et à l'amour éternel, et où je pourrai ainsi, avec une louange ineffable, contempler celui qui est tout en tous, dans sa clarté éternelle, et entonner cette louange ineffable : Saint, saint, saint est l'Éternel des armées.

Ici, je dois me taire ; quelle langue, quelle intelligence, quel sens et quelle raison sont capables de dire cela ? Et nous nous abaissons avec la plus grande équité devant le trône de la grâce du Très-Haut, avec des sacs attachés autour des reins et des cordes autour du cou, nous lamentant sur notre grande indignité, demandant humblement à Dieu de nous revêtir de vêtements de salut et de tuniques de justice, en lavant nos grands péchés multiples dans le Sang de l'Agneau : et, de même que Dieu nous a ouvert les yeux dans ce temps et cette éternité, afin que nous puissions voir ici les plaies dans ses mystères, de même le Dieu Très-Haut veut nous teinter et nous clarifier pour la gloire éternelle.

Maintenant, avant d'en arriver à mon propos, permettez-moi de dire que la Matière dont notre Pierre est préparée est un être disgracieux. C'est la Pierre que la plupart des gens méprisent, on ne trouve pas chez elle la moindre beauté, elle est parfois au pied de tout le monde, et ne mérite pas une seule fois l'attention, elle n'est reconnue par personne que par l'œil du sage, qui est le vrai Samaritain, celui-ci l'amène à l'auberge de l'artiste, où ses plaies sont lavées avec de l'huile et du vin, et après qu'elle ait recouvré la santé, elle est maintenant en mesure de guérir ses frères de leurs maladies et de les mettre avec elle dans le meilleur état possible. Mais ils ne peuvent être élevés à cette gloire autrement que par la Croix ; le commencement de notre Pierre est la Croix, son point central est la Croix, ses préparations se font toutes dans et par la Croix ; dans son plus haut degré d'honneur, il est assis sur la Croix et porte triomphalement dans sa main le sceptre de la Croix, qui est aussi appelé son bâton à double serpent :

Avec ce bâton, il fait des miracles, il peut diviser la mer en deux parties pour que l'on puisse la traverser avec les pieds complètement secs, il peut extraire l'eau des roches les plus dures.

En somme, il peut causer tous les fléaux aux Égyptiens, de sorte que ce bâton et cette pierre sont d'une provenance merveilleuse.

Oui, c'est précisément la Matière à partir de laquelle Dieu a créé le ciel et la terre au commencement, c'est-à-dire à partir d'une Masse ; prends cette Masse et agis comme

Dieu l'a fait au commencement, lors de la création du ciel et de la terre.

Cette terre était désolée et vide (c'est-à-dire entièrement informe, de sorte que personne ne savait ce que c'était), elle était sombre dans les profondeurs (il y avait un large abîme, à l'endroit où se trouvent maintenant le ciel et la terre, et le même abîme était plein d'épaisses ténèbres, comme s'il s'agissait d'une brume noire) et l'esprit de Dieu (souviens-toi) flottait sur l'eau (il déplaça le chaos brumeux, le poussa dans un coin pour qu'il doive se résoudre et devenir épais comme de l'eau) et en plus, avec la toute-puissante parole : Que la lumière soit !

La lumière sortit des ténèbres, et comme la lumière avait été bonne, il y eut un soir et il y eut un matin, ce fut le premier jour : quoi de plus clair pour expliquer et représenter notre véritable Pierre ? Mais on pourrait me répondre ici et dire, que l'on pourrait certes reconnaître par-là la première Matière de notre Pierre, mais comment procéder par la suite, il est vrai que l'on a écrit sur ce sujet un grand nombre de livres, mais la plupart d'entre eux sont si peu clairs et avec des mots cachés qu'on ne pourrait en comprendre que la plus petite partie ; je réponds à cela, qu'en vérité il en est de même, c'est pourquoi, mon cher Lecteur, ne vous imaginez pas de vouloir cueillir les fruits d'une terre non cultivée, il faut d'abord creuser à la houe et à la serpe, avec la plus grande peine ; ainsi, après avoir ensemencé votre terre avec une semence appropriée (dont le germe n'est pas mort, mais encore vert et vivant), vous porterez des fruits grâce aux pluies précoces et tardives.

Vous pouvez apprendre cela des Paysans et prendre exemple chez eux. Mais pour que vous puissiez aussi avoir de moi une explication claire, sachez que je m'apprête à écrire aussi ouvertement et sans fausseté, comme personne ne l'a jamais fait. Il est vrai qu'il y en a beaucoup qui s'en vantent, surtout le noble Philalèthe[6], qui fait de telles promesses

---

[6] Irénée Philalèthe (de son vrai nom George Starkey), alchimiste (1628 - 1665).

qu'on croirait voir chez lui Diane nue devant les yeux.

Il se vante aussi d'être au cœur de l'Alchimie et affirme qu'il révèle tout et ne garde rien, sauf une seule chose ; mais je dis en toute vérité, comme je l'ai expérimenté, à celui-là même à qui cette chose unique manque, échouera certainement.

Le *Chymiste, fidèle évadé d'Eckhart* [7], dit entre autres que d'Espagnet[8] lui a ôtés le doute qu'il avait sur les Colombes de Diane[9], ce qui lui avait causé tant de nuits agitées, car le nom de Diane lui avait toujours fait obstacle,

---

[7] Johann Christoph Ettner, *Des getreuen Eckharts entlauffener Chymicus (*trad. Chymiste, le fidèle évadé d'Eckhart*)* (1696).

[8] Jean d'Espagnet (1564 - 1637), alchimiste français.

[9] Dictionnaire mytho-hermétique d'Antoine-Joseph Pernety (1758), COLOMBE : D'Espagnet et Philalèthe ont employé l'allégorie de la Colombe, pour désigner la partie volatile de la matière de l'œuvre des Sages. Le premier a emprunté de Virgile (Eneide. liv. 6.) ce qu'il dit de celle de Vénus, pour le temps de la génération du fils du Soleil ou règne de Vénus philosophique. Le second a dit que **les colombes de Diane** sont les seules qui soient capables d'adoucir la férocité du dragon; c'est pour le temps de la volatilisation, où les parties de la matière sont dans un grand mouvement, qui cesse à mesure que la couleur blanche, ou la Diane Hermétique se perfectionne. Les Souffleurs doivent bien faire attention à cela, s'ils ne veulent pas perdre leur argent à faire des mélanges fous d'argent vulgaire avec d'autres matières pour parvenir au magistère des Philosophes.

jusqu'à ce qu'il apprenne enfin que les anciens philosophes avaient souvent donné un nom à deux choses, en particulier les Égyptiens, et que s'il avait été amené à considérer d'autres moyens, comme le fait que les Nymphes tiraient le char de Vénus de même que les Colombes, et que celles-ci tiraient le char de Diane de même que celui de Vénus[10], il aurait

---

[10] Johann Christoph Ettner, *Chymiste, le fidèle évadé d'Eckhart,* p192-193, extrait : « J'ai tourné autour de cette affaire comme un chat autour du feu, mais j'avais trop peur de me brûler, et les Colombes de Diane m'ont causé bien des nuits d'angoisse, car si le d'Espagnet avait déjà dissipé mes doutes à ce sujet, le nom de Diane me gênait toujours, jusqu'à ce que j'apprenne enfin que les anciens philosophes communiquaient souvent un nom à deux choses, en particulier les Égyptiens, qui, pour réunir toutes les déesses sous un seul nom, l'appelaient la Mère de toutes les déesses, comme si elle avait le Droit de se servir des coutumes de ses Filles, en plus de sa propre nature, sous le nom d'Osiris, **et l'on assurait que les Nymphes tiraient le char de Vénus tout autant que les Colombes, et que celles-ci tiraient le char de Diane tout autant que celui de Vénus.** Siegfried eut l'audace de demander ce qu'étaient les Colombes de Diane et où on pouvait les trouver. Celui de la Terre déclara que la conjonction de Vénus et de Diane sera en Triangle. Le Lecteur qui connaît bien le symbole de Mercure verra dans ce signe très clairement comment l'Or est placé au milieu, et ceci est la véritable Marcassite qui donne à l'Œuvre l'ingrès sans lequel rien de juste ne peut être accompli et orienté. Mais il faut s'étonner que le précipité, qui tire pourtant toute son essence du Mercure, veuille encore moins que l'antimoine entrer dans le propre Corps d'où il est venu, et s'unir avec lui. Je ne sais pas; si je me trompais quand je pensais : Vénus devrait comparer les Frères. C'est ce qui s'est passé, répondit Eckart, c'est pourquoi je désespère encore ; à moins qu'un ami ne

enfin trouvé le bon chemin, je dois avouer que pour celui qui comprend cela correctement, cette chose unique ne peut lui être cachée. Mais qui veut y regarder, peut découvrir que cela se trouve dans les paroles claires et incontestables d'Espagnet ; tandis que ceux qui ont pratiqué cela peuvent dire combien d'efforts et de difficultés il faut pour extraire ce grain des morceaux grossiers ; ensuite, en examinant la Nature, séparer ce qui est pur de ce qui est impur sera un travail non seulement du corps, mais aussi de l'esprit : c'est un travail qui occupe tout l'esprit de l'Homme et le met dans le plus grand désarroi ; c'est un travail qu'un Homme entier doit avoir, je dis bien un Homme entier, qui n'a pas consacré une partie de sa vie à trop fréquenter la société des Hommes du monde, ou qu'un tel Homme ne s'imagine pas vouloir bâtir quelque grande gloire mondaine, quel que soit le nom qu'on

---

m'indique une voie particulière pour y parvenir. Si je dois passer près de sept ou neuf mois à travailler sur ces sujets, je préfère prendre l'Or vulgaire et le préparer en Or Philosophique avec le Mercure de Philalèthe, plutôt que de perdre du temps à travailler sur cet œuvre. »

lui donne d'une manière ou d'une autre, ce que je trouve tout à fait inutile d'évoquer ici, car d'autres l'ont déjà suffisamment fait.

En bref, il suffit à l'Homme avide de sagesse de savoir que c'est là le juste degré, que chacun reste dans sa condition et se dispense, autant que possible, de toute société mondaine ; de même, un tel Homme ne doit pas toujours regarder uniquement à l'utilité, mais il doit plutôt avoir le désir de contempler les grandes merveilles et les œuvres insondables que Dieu a placées dans la Nature, et de s'y amuser, de ne pas regarder la peine ni le travail que l'on y trouve alors de diverses manières (en particulier dans notre première conjonction de Vénus avec Mars son époux) mais de nuit comme de jour, il n'est pas question d'économiser de la peine, aussi grande soit-elle, mais de gravir avec force et vigueur ces écueils ardus par ce rude chemin non tracé, avec de multiples échelons et des parcours d'obstacles, de se tenir occupé et de ne pas se relâcher jusqu'à ce que l'on puisse arriver au port du désir et au rivage de la félicité.

Enfin, bien que l'on ait obtenu cette glorieuse clémence, et que l'on soit en possession des trésors de ce monde, que l'on ne refuse pas de tout jeter à nouveau aux pieds de ce monde, et de vivre avec Dieu dans l'éternité, ce bonheur éternel, et ce plaisir suprême, ce que je ne veux pas me soumettre à exprimer avec cette plume, mais que le Seigneur l'écrive et le grave avec le doigt de son bon et Saint-Esprit sur les toiles de nos cœurs, afin que nous soyons de plus en plus capables de nous arracher des liens rigides de ces immenses chaînes du monde, et de nous élancer avec les ailes de notre esprit vers les hauteurs célestes, où nous triompherons éternellement avec et en Dieu. Pour que j'arrive aussi à ma promesse d'apporter ces choses dans l'Œuvre, que le Lecteur bienveillant sache que nous devons d'abord savoir à quoi nous voulons employer notre Pierre, comme ensuite mon intention est de traiter d'une Pierre qui doit améliorer les métaux, laquelle, il est évident, ne doit pas être cherchée dans ceux qui sont combustibles ; il n'est donc pas permis de la trouver dans la Nature, et personne ne peut non plus multiplier son semblable, si ce n'est par la nature de son semblable, c'est pourquoi elle doit nécessairement naître et s'écouler d'une racine métallique.

Cette pierre n'a donc été engendrée que par sa propre semence ; celui qui aime donc cette sagesse, et qui veut considérer cette étoile dorée, devra avant tout la suivre en compagnie des Mages jusqu'à Bethléem, et même jusqu'au berceau, où se trouve ce roi nouveau-né, et il trouvera alors, dans un seul sujet, la raison et la racine philosophique, où sont cachés l'ensemble des trois, l'Esprit, l'Âme et le Corps, par lesquels le commencement et la fin de l'Œuvre seront amenés à une heureuse fin.

Celui qui apprendra à connaître cette Graine et son Aimant, et à en déterminer les propriétés, pourra se vanter de posséder la vraie racine de la vie, la racine unique de tous les Métaux et Minéraux, et trouvera enfin ce qui était son unique désir en ce monde, en un mot, il montera au plus haut sommet du mont

Parnasse[11], et dans le jardin des Hespérides[12] il pourra cueillir les pommes selon le plaisir de son cœur.

Ce Sujet, notre Magnésie, notre Asnop, doit être purifié au plus haut point au début de cette Œuvre, puis ouvert, rompu et réduit en cendres ; les philosophes disent alors que l'Artiste qui n'a pas de cendres ne peut pas non plus faire de Farine, ce qui est alors une parole pleine de vérités. Celui qui, pour cette raison, connaît la Farine et sa Solution, ainsi que la Coagulation et la Distillation, celui-là connaît le secret et la raison du Tartare des Philosophes[13]. Mais cette Farine n'est

---

[11]   Dictionnaire mytho-hermétique (1758), PARNASSE : Montagne sur laquelle la Fable dit que les Muses et Apollon faisaient leur séjour (…).

[12]   Dictionnaire mytho-hermétique, HESPERIDES : Filles fabuleuses, que les Poètes ont feint avoir un jardin, dans lequel croissaient des pommes d'or. Ce **jardin**, selon l'explication des Philosophes Spagyriques, est le symbole de l'Alchymie, par les opérations de laquelle on fait germer, croître, fleurir et fructifier cet arbre solaire, dont le fruit surpasse l'or commun en beauté et bonté, puisqu'il convertit les autres métaux en sa propre nature; ce que ne peut faire l'or vulgaire. Le Dragon qui gardait le **jardin des Hespérides**, est le symbole des difficultés qu'il faut surmonter pour parvenir à la perfection de la pierre Philosophale, et en même temps celui de la putréfaction du mercure.

[13] Dictionnaire mytho-hermétique : **Le Tartare des Philosophes** est la matière de l'œuvre en putréfaction.

d'aucune utilité, il faut voir ce qu'il y a en elle et le retourner ; ainsi c'est l'Esprit seul qui donne la vie, le Corps seul ne peut rien ici : celui qui a cet Esprit a aussi la Farine.

J'ai beaucoup parlé ici, je souhaite que le Lecteur bien-aimé comprenne tout cela à sa juste valeur, je dis en vérité que celui qui ne comprend pas cela a encore une grande peau devant les yeux, et il serait à souhaiter qu'il renonce de temps en temps à son périlleux voyage et qu'il rentre chez lui ; je dis en vérité, et je parle par expérience, que si quelqu'un, un blanc téméraire, s'était engagé sur ce chemin dangereux et non tracé, il se pourrait bien qu'il fût attaqué par ces lions sauvages et ces dragons féroces qui se trouvent sur le chemin, qui ne sont pas tous assez puissant pour ne pas causer parfois un dommage considérable et irremplaçable à celui qui passe, il aurait été attaqué de telle sorte qu'il n'aurait plus été capable de rentrer, et encore moins de s'en aller ; ainsi, en quoi notre Matière est-elle si différente d'un Dragon ?

En quoi est-elle si différente d'un Lion sauvage indomptable ? Et d'un Basilic[14] nuisible à la vie. Loin de moi l'idée d'enseigner si cette Matière initiale, ou cette voie, est nuisible à tout et à chacun, non, mais seulement à ceux qui s'engagent sans préparation, et sans connaissance préalable suffisante, dans cette voie si difficile et si ardue ; il peut alors facilement arriver que ces personnes ignorantes, qui sont alors innombrables, envisagent une autre voie, qui les incite à ne pas être si incohérentes.

Ils y rencontrent aussi quelques autres signes dont les indicateurs de directions les ont informés, et il se pourrait bien qu'ils n'aient pas à affronter autant de dangers sur ces chemins secondaires ou de traverse que sur notre chemin non tracé ; mais qu'ils soient informés qu'avant d'arriver à la fin de leur voyage, ils auront le regret de savoir ce que

---

[14] Dictionnaire Trévoux (18ᵉ s.), BASILIC : Animal fabuleux que les anciens mettaient au rang des serpents dont il était le roi (…) Sa morsure, son sifflement & son toucher, font mourir tous les autres animaux (…). Dictionnaire mytho-hermétique : BASILIC : Les Philosophes Chymistes ont donné quelquefois ce nom à leur mercure, parce qu'il dissous tout (…).

c'est que d'entreprendre une Œuvre dont on n'a pas la raison d'être ; qu'y a-t-il de plus malheureux que ceux qui ont passé la plus grande partie de leur vie dans l'usure injuste, dans l'achat interdit de tout ce qui est vrai, et qui, maintenant qu'ils ont touché le fond, veulent s'appliquer à la Chymie, en s'imaginant que l'intelligence ou la ruse qui les a servis dans leur injustice (qui n'avait que la caractéristique des Serpents venimeux, et sans doute pas, loin de là, la simplicité des Colombes) doit aussi rimer ici avec cette science céleste ; oh non, bien sûr ! Il est certain qu'ils apprendront sur le tard que la Chymie est un feu pur, et que celui qui s'y aventurera imprudemment se brûlera violemment ; elle est comme l'eau, et celui qui s'y plongera sans avoir appris à nager s'y enfoncera certainement profondément, il se pourrait alors, dans les Noces Chymiques, que l'on soit placé sur le plateau de la balance et que l'on y soit châtié comme un rien, que l'on ne puisse, de loin, ne pas supporter le poids qui y est placé ; c'est une chose qui ne se laisse pas toucher par une main non lavée ; les perles nobles ne sont pas un plat pour les cochons.

Tout prétentieux téméraire, qui n'a plus assez de sa plume pour continuer et pratiquer ses habituelles débauches diurnes et nocturnes, doit savoir que cette science ne s'accorde en aucun cas avec lui ; la question de savoir ce qu'est la justice et l'injustice a été posée il y a bien longtemps, mais bref, ces gens ne veulent pas s'imaginer de telles choses, il est vrai que la justice n'est pas une chose facile, mais elle appartient à des esprits beaucoup plus subtils que celui de ces mondains.

Celui qui veut donc être délivré de cette moquerie, comme il a été dit plus haut des Noces Chymiques, qu'il apprenne d'abord à reconnaître les premiers principes de la Nature ; comment quelqu'un qui ne connaît pas les lettres peut-il apprendre à lire correctement ? Il ne comprend pas la musique, celui qui n'apprend pas les notes.

Il est pitoyable d'entendre, de temps en temps, ces prétendus chimistes dire que tel ou untel a l'art de produire telle ou telle chose à partir de tel ou tel métal, qu'untel a (pour me servir de leur façon de parler) un bon particulier[15], pour bien introduire ou extraire la Lune, ce qui ferait mal aux oreilles d'un Homme qui déciderait néanmoins du blanc et du noir, faut-il donc que tel ou tel paysan, qui aurait bien plus de mérite à rester à la traite de ses vaches, ait l'Art en sa possession, et pour quelle raison ? Parce qu'il a lu les livres du philosophe allemand Boehme[16] ; et comment dans ces livres, que je laisse tous à leur degré, et qui donneront encore assez de peine à un sage pour comprendre les écrits profonds de Boehme, où l'on trouve beaucoup de signatures merveilleuses, comment tout

---

[15] Fulcanelli, les Demeures Philosophales (1930), extrait : « Ils cultivaient la science des *petits* **particuliers**, selon l'expression quelque peu dédaigneuse des alchimistes pour ces à-côtés indignes du philosophe. Reconnaissons, sans mépriser ces chercheurs utiles, que les plus heureux n'en tiraient souvent qu'un bénéfice médiocre, et qu'un même procédé, suivi tout d'abord de succès, ne donnait ensuite que résultats nuls ou incertains. » - « Quant aux procédés archimiques connus sous l'expression de *petits* **particuliers**, ce sont, le plus souvent, des techniques aléatoires. Les meilleurs de ces processus partent des produits métalliques extraits selon les moyens que nous avons indiqués. On les rencontrera répandus à profusion dans quantité d'ouvrages de second ordre et de manuscrits de souffleurs. »
[16] Jakob Boehme (1575 – 1624), théosophe allemand de la Renaissance.

paysan alors, pourrait enfin lire dans les écrits de cet homme, tel qu'on en trouve dans un calendrier, et dans lequel il n'y a donc pas d'Art particulièrement ; mais voici ce qu'on dit : Ce paysan est si habile qu'il comprend tout le cours du ciel, et ces messieurs qui s'imaginent avoir dévoré toute la science du monde (comment ces moqueurs devraient avoir honte de toucher de leur langue rusée ceux dont ils ne sont même pas dignes de défaire les lacets de chaussures) sont de purs imbéciles envers ce paysan (ô misère et malheur), mais ô mon cher Particulariste[17]! Ô mon bon paysan ! Savoir lire et comprendre est deux choses différentes.

Il n'en découle pas pour autant que si un paysan sait lire et écrire, qu'il puisse aussitôt comprendre tout ce que de tels hommes magnifiques ont parfois écrit en des termes confus et ambigus, et ce, non pas pour que ces derniers soient leurs véritables successeurs, lesquels ont tous pris le joug sur eux et l'ont porté à travers ces chemins enfumés et

---

[17] En allusion à ceux qui utilisent des *particuliers*.

impraticables, à travers des chemins arides et acides, sur lesquels les paysans ne pourraient pas comprendre, et devraient, en vérité, encore assez trébucher ; alors pourquoi les vrais philosophes devraient-ils cacher quelque chose à leurs Enfants ? Ce sont précisément eux à qui appartient cet Art céleste ; mais devant ces buffles grossiers, qui doivent bien rester des ânes sauvages et des fous (je suis forcé d'employer les mots de Basile Valentin[18]), en attendant l'illumination et la connaissance, les sages ont évidemment caché leur haute sagesse.

Mais, afin que toutes choses, y compris la divine Écriture, soit utilisée à bon escient, il est dit que ces grands mystères sont cachés aux savants et aux intelligents de ce monde, mais que Dieu révélera ces grandes sciences aux simples d'esprit et aux tout-petits ; mais, hélas ! Ô folie, cette simplicité et cette immaturité dont il est question ici, et que rien ne saurait bouleverser, ne consiste pas encore, et de loin, en quelques culottes de paysan ; si

---

[18] Alchimiste (1394 – 1450).

cela devait être le cas, il s'en trouverait beaucoup qui changeraient d'habit avec le plus grand profit, les Chimistes et les Alchimistes seraient tous élevés en habits de paysans, et l'habit de paysan suisse devrait être considéré encore comme le plus confortable, mais il se compose de beaucoup d'autres pièces, devrais-je le dire ? Je n'en parlerai que dans le *Psaume 15* de David[19], que vous lirez, ce qui, croyez-le bien, vous sera de loin plus profitable et plus utile que si vous parcouriez tous les livres du bienheureux homme très éclairé Boehme, et que vous regardiez ses signes, comme une vache découvre un nouveau portail, ou comme un aveugle juge des couleurs.

Le dessein de cet homme n'a pas été d'enseigner la Chymie au monde entier, car

---

15e Psaume de David : « O Éternel ! Qui séjournera dans ta tente ? Qui demeurera sur ta montagne sainte ? Celui qui marche dans l'intégrité, qui pratique la justice et qui dit la vérité selon son cœur. Il ne calomnie point avec sa langue, il ne fait point de mal à son semblable, et il ne jette point l'opprobre sur son prochain. Il regarde avec dédain celui qui est méprisable, mais il honore ceux qui craignent l'Éternel ; il ne se rétracte point, s'il fait un serment à son préjudice. Il n'exige point d'intérêt de son argent, et il n'accepte point de don contre l'innocent. Celui qui se conduit ainsi ne chancelle jamais. »

c'est de bien autre chose qu'il s'agit dans ses écrits, et quiconque est capable de les comprendre en tirera une grande connaissance de lui-même.

Ainsi, d'une manière très bien intentionnée, je conseille aux paysans de ne s'en tenir qu'à leur charrue, et qu'au lieu de lire ces livres profonds, de lire assidûment le Testament. Je ne voudrais pas être considérée et tenue pour responsable, qu'il s'agirait de ma part d'un mépris pour les petites gens, car on me ferait certainement du tort en m'accusant de cela ; je n'ignore pas que Dieu relève de la poussière l'humble et le place parmi les princes ; je sais aussi que Dieu souvent résiste aux orgueilleux, mais qu'il fait grâce aux humbles ; je sais aussi que Dieu enseigne aux malheureux ses voies, et qu'il les instruit dans ses mystères ; et le temps m'a paru bien trop long pour mettre ici tout ce qui a été promis aux justes, mais, ce n'est que pour punir ceux qui, ayant la prétention de connaître ces grands mystères, sont pleins d'ignorance, ce qui arrivera bien le jour où il faudra faire un examen, et j'ai dit plus haut que la véritable ignorance et la véritable immaturité consistent en beaucoup d'autres choses ; en un mot, si vous ne comprenez pas la Nature, vous devez simplement ignorer ces choses riches en secrets, ou en subir les conséquences par votre propre préjudice.

Je ne peux pas non plus passer sous silence le fait qu'il se trouve aujourd'hui parmi les ecclésiastiques quelques personnes qui ne peuvent pas s'empêcher de s'exercer à la Médecine et à la Chymie, ce qui est une chose tout à fait irresponsable. Un évêque doit être irréprochable, ne pas s'engager dans des activités illégales et ne pas faire de commerce. Dieu, l'Éternel, a donné des ordres, *Lévi. 18*, aux Lévites, afin qu'ils fassent le service dans les tentes du tabernacle, et qu'ils n'aient de bien que la dîme, que Dieu leur a donnée pour héritage, et avec cette promesse que Dieu serait leur héritage, ce dont les sacrificateurs lévitiques d'aujourd'hui, ainsi nommés, ne se contentent pas, mais s'emparèrent, ici et là, d'une puissance prometteuse ; mais je crains que le feu étranger des deux fils d'Aaron[20] (à moins qu'ils ne croient pas, qu'il y ait eu un Aaron avec ses fils) ne soit pour eux une menace, telle une verge[21] menaçante.

Mais hélas ! Ô Dieu éternel ! Dans quel état misérable et pitoyable se trouve la nature spirituelle d'aujourd'hui, où trouve-t-on de vrais et fidèles bergers qui se soucient de paître leur troupeau ? Qui guérissent les malades, soignent les infirmes, pansent les blessés, ramènent les égarés et cherchent les perdus : ne faut-il pas plutôt se plaindre de ce qu'il y ait des bergers qui se font paître eux-mêmes, qui mangent ce qui est gras, qui tuent ce qui est gras, qui se vêtent de leur toison, mais qui laissent aller leur troupeau, qui leur est confié, tout à fait dispersés, au point qu'ils sont parfois misérablement déchirés par les

---

[20] Lévitique 10 : « Les fils d'Aaron, Nadab et Abihu, prirent chacun un brasier, y mirent du feu, et posèrent du parfum dessus ; ils apportèrent devant l'Éternel du feu étranger, ce qu'il ne leur avait point ordonné. Alors le feu sortit de devant l'Éternel, et les consuma : ils moururent devant l'Éternel. »

[21] (Désuet), Dictionnaire Trévoux, VERGE : Bâton menu qu'on tient la main, ou baguette longue & flexible.

bêtes qui veulent les manger, et qu'il n'y ai personne qui les respecte.

Je vous demande, ô Bergers, ce que vous pensez des animaux dont le sang doit être réclamé de vos mains ? Pensez-vous pouvoir vous justifier si vous ne faites qu'un seul sermon du haut de la Chaire, aux heures convenues, et que vous vous en contentiez, sans qu'aucune exhortation particulière ne soit entendue de votre part ? Si vous pensez, dis-je, que tout est terminé, et que vous n'avez plus rien à faire avec votre troupeau (sans parler du fait que vous devez faire tout ce qui est en votre pouvoir pour conformer votre vie à la parole prêchée, à moins que vous ne vous rendiez vous-mêmes coupables en vous y employant, afin que la doctrine et la vie s'accordent, mais où les trouver ? Nulle part, sans doute), ne savez-vous pas que les enseignements particuliers, peuvent souvent être aussi utiles que les sermons publics, qui ne sont donnés, hélas, que pour l'usage courant ? Pourquoi ne vous efforcez-vous pas de punir particulièrement ceux dont vous savez qu'ils vivent dans la discorde, le plus faible devant être opprimé et persécuté par le plus fort, et l'impie cherchant à dévorer le pieu par tous les moyens ?

D'autant plus que c'est votre charge, et que vous ne pouvez pas vous y soustraire, si vous voulez être tenus à l'écart des méchants, faites-le de toutes vos forces, et exhortez-les sérieusement à renoncer à leur mauvaise conduite, afin que toute haine, toute envie, de se repentir de toute rancune, ancienne de plus vingt ans, ou tout ce qui a été durement brûlé dans le cœur de l'homme (qui doit être un temple et une demeure de l'Esprit saint, et non un abominable cloaque de ces vices diaboliques), ne soient plus tolérés, et que de telles personnes, s'il leur arrivait d'être de féroces envieux et persécuteurs, se repentent, s'il arrivait que de tels envieux et persécuteurs soient de vos propres amis de sang, même votre père, votre mère ou vos plus proches parents, sans faire preuve de suffisance ou d'hypocrisie, afin que, dans ces cas-là, pour punir les offenses, on ne regarde personne, mais que toutes choses soient minutieusement appliquées à celui qui l'atteint, celui qui est touché est touché, avec l'épée aiguisée à double tranchant de la parole de Dieu, car il prouverait qu'il serait un vrai prophète et un enseignant envoyé par Dieu, dont le Seigneur aurait touché sa bouche et y aurait mis sa parole puissante.

Mais, ah ! Si l'on se promenait aujourd'hui dans toutes les rues de Jérusalem, trouverait-on des docteurs et des prédicateurs dont le cœur soit disposé à demander la foi, à faire ce qui est juste, à considérer les voies du Seigneur, à marcher eux-mêmes dans les voies du Seigneur, à observer ses commandements et ses lois, à enseigner aux autres les voies du Seigneur, et à les y instruire comme ils le doivent et comme ils le méritent ? Ah non, ils se sont tous égarés, il n'y en a pas un qui fasse le bien, alors qu'ils auraient dû savoir ce que les prêtres de Dieu devaient avoir en eux de pureté d'esprit et de perfection de vie.

On dit de Joseph qu'avant de se marier avec elle, Asnath s'est approchée de lui et l'a embrassée, et que Joseph a répondu qu'il ne convient pas à celui qui mange le pain de la vie et boit la boisson de l'immortalité, que la bouche doive toucher celle qui mange du sacrifice des idoles, qu'ensuite, les gens de la maison d'Asnath se souviennent, et suivant les instructions de Joseph, qu'ils fassent tout au plus un effort pour croire au vrai Dieu vivant et ne vivent plus dans l'idolâtrie passée. Est-ce que cette Asnath a pu abandonner ses Dieux à cette seule promesse de Joseph, et se tourner de toutes ses forces vers le Dieu vivant ? Pourquoi les Prêtres de Dieu ont-ils abandonné les lois et les commandements du Dieu vivant et se sont-ils tournés vers leur propre obscurité pour les appliquer en toutes choses ? En vérité, c'est une chose tout à fait fausse que les païens doivent être plus intelligents à tous égards que les soi-disant chrétiens.

C'est pourquoi écoutez, Bergers, je suis vivant, dit l'Éternel, parce que vous livrez mes brebis au pillage, et mon troupeau à la pâture de toutes les bêtes sauvages, parce qu'elles n'ont pas de Bergers, et que les Bergers ne se soucient pas de mon troupeau, voyez ! J'en veux aux Bergers, j'arracherai mon troupeau de leurs mains, j'en finirai avec eux, ils ne seront plus bergers, ils ne se paîtront plus eux-mêmes, je délivrerai mes brebis de leur bouche, et elles ne seront plus pour eux une proie. Je paîtrai moi-même mes brebis, dit l'Éternel, je chercherai celle qui est perdue, je ramènerai celle qui est égarée, et je prendrai soin d'elles comme il convient : l'Éternel jugera aussi entre brebis et brebis, entre chèvres et boucs, entre brebis grasses et brebis maigres, et ce qu'il faudra alors considérer comme des boucs, dont la période de séparation ne restera pas à l'extérieur, mais viendra assurément en ce grand jour du jugement, lesquels chercheront par tous les moyens à persécuter les brebis, et fouleront aux pieds leurs pâturages légitimes.

Les bergers peuvent donc voir combien de choses doivent être améliorées en eux avant qu'ils puissent légitimement s'approprier ce titre, sans parler du fait qu'ils ont déjà fait

tout ce qui leur a été ordonné, qu'ils sont
encore des serviteurs inutiles, et qu'ils sont
très éloignés de la perfection de leur seigneur
et maître archipasteur, on peut donc voir
clairement avec quelle ineptie et quelle
inconvenance ils s'arrogent des droits qui ne
leur appartiennent pas, de loin, à cause de
l'autorité dont ils sont revêtus (je ne parle ici
que de quelques-uns ; mais je n'ignore pas
qu'il y a aussi des docteurs et des prédicateurs
qui observent sérieusement les ordonnances
du Seigneur, qui s'attachent à ses
témoignages, et qui ont choisi la voie de la
vérité, ce dont l'âme désire, et dont les désirs
aspirent à l'ordre de Dieu, ils repoussent aussi
leurs pas, afin de ne pas suivre de mauvaises
voies, et de ne pas laisser l'iniquité dominer
sur eux, mais extirper au plus tôt les méchants
de la place de l'Éternel, en un mot, ils ne
s'écartent pas des commandements de leur
Dieu, et le laissent être leur héritage éternel),
car ils s'attachent souvent à des choses non
seulement indécentes pour eux, mais encore
bien au-dessus de leur intelligence ; pourquoi

donc quelqu'un qui est voué à la prédication de la parole de Dieu se lancerait-il dans des choses qu'il n'a jamais apprises et qu'il ne comprend pas du tout ? En ce qui concerne la Médecine et la Chymie, pourquoi un Prédicateur cherche-t-il à s'y impliquer ? Il est certain que si un Enseignant et un Prédicateur honnête voulaient faire ce dont il a été ordonné de faire, il n'aurait pas le temps de se mêler des affaires des autres, mais devrait plutôt avoir le temps de chercher à faire tout ce qui lui a été si soigneusement ordonné, et dont il doit rendre compte, afin de pouvoir l'accomplir au mieux.

Un Médecin étudie tous les jours la médecine et s'occupe de ses patients au mieux de ses capacités ; de même, un Enseignant et un Prédicateur devraient observer et être attentifs à la manière dont ils veulent prêcher la Parole de Dieu, pure et authentique, et à la manière dont lui et les siens mènent leur vie et leur conduite selon cette Parole, afin d'être pour leurs auditeurs un modèle vivant de doctrine et de vie !

Que dire d'un modèle ? Quels modèles nos ecclésiastiques offrent-ils aujourd'hui ? Ne sont-ils pas des modèles de violence, d'usure et, en somme, de tout ce qui est égoïste ? L'envie n'est-elle pas si fortement enracinée chez eux, qu'ils s'efforcent, jour et nuit, de s'enrichir, d'amasser un trésor qui leur remplira le ventre pendant leur vie, et dont ils laisseront le reste à leurs petits ? L'usure n'a-t-elle pas pris chez eux une telle ampleur qu'ils surpassent en cela les Juifs qui font habituellement des affaires ? Il suffit d'aller au marché aux bestiaux et aux chevaux pour voir combien ils sont habiles et commerçants (ou Juifs) dans l'art de la négociation, de l'argumentation et du commerce ; de sorte qu'entre eux et les Juifs, qui s'y trouvent en masse, mêmes blancs, quelle différence y a-t-il entre eux ? La différence est bien souvent celle-ci, que le Juif surpasse largement en justice et en équité le Chrétien ainsi nommé ; ô belle vertu de notre Clergé actuel !

Comme ma plume a pris ici un bon cours, il ne sera pas inutile de continuer à traiter de cette matière, et en particulier de l'amour du prochain et de l'exercice de la charité, qui sont des points sur lesquels tout le monde, et en particulier les ecclésiastiques, sont non seulement endormis, et même si étonnés que, si l'on entre en relation avec eux et que l'on commence à leur parler de l'amour du prochain, cela leur paraît aussi étonnant que si l'on parlait des villages de Bohème, et que l'on puisse encore s'exclamer en riant : Ho ! La chemise est bien plus proche de moi que la jupe[22].

Mais comme je n'ai pas voulu, dans ce petit Traité, me mettre hors des limites, comme je l'ai fait sur ce point, pour ainsi dire malgré moi, j'ai l'intention de développer plus amplement dans un autre Traité ce qui concerne la charité et la miséricorde ; il y en

---

[22] Ancien dicton allemand : « *jemandem ist das Hemd näher als der Rock* », « *Quelqu'un est plus proche de sa chemise que de sa jupe* ». Le vêtement de dessus, autrefois en usage, s'appelait une redingote, en allemand *Gerock*. Le mot *Jupe*, en allemand, se dit *Rock*. Ce proverbe signifie alors que l'on accorde plus d'importance (de proximité) à son propre avantage (la chemise) qu'aux intérêts d'autres personnes plus éloignées. Il existe des versions où le terme de *pantalon* (en allemand *Hose*) et mis à la place de celui de *jupe*. Source : https://www.redensarten-index.de

a maintenant assez d'entendre que, malheureusement, l'avarice, l'usure et l'égoïsme ont entaché toute notre race.

Mais pour conclure au mieux mon propos précédent (puisque les prêtres lévitiques d'aujourd'hui occupent un ministère différent), disons qu'il serait très ridicule de voir un champion ou un sonneur de cloches prêcher en chaire à toute une communauté, de même, je dis qu'il est encore plus ridicule de voir quelqu'un qui serait Enseignant et Prédicateur s'exercer à la Médecine, ou encore plus à la Chymie, qui ne sont pas des choses qui vont de paires ou qui se ressemblent : mais qu'est-ce qu'un Enseignant et un Prédicateur de ce genre veut dire par cette attitude ? Certainement rien d'autre que sa grande ignorance, son grand appétit insatiable pour l'argent, qui est alors une grande souillure de la Parole de Dieu qui est prêchée. Il faudrait aussi attirer quelque attention à ceux qui se refusent de parler de cette noble science de l'Alchimie, et qui cherchent, par de nombreux discours moqueurs, à faire des reproches à tous ceux qui s'en préoccupent (j'entends ceux qui, par leurs recherches assidues dans la Nature, ont établi un fondement légitime et irréfutable), comme s'ils traitaient des choses illicites, sachant bien combien en ont péri, et que ce ne serait là qu'une pure folie et un vain néant (qui supporterait en silence que de telles gens, non reconnus, parmi les plus sages, rongent ainsi leur bonne et honnête réputation ? Qui supportera avec patience que des aveugles parlent du Soleil avec tant d'audace ? Bien qu'il soit plus glorieux de mépriser un discours inepte que de le contredire), mais qu'ils sachent que je n'ai pas à m'attarder sur de tels propos, il est inutile de convaincre quiconque de sa sottise, et je les renvoie à *La Moelle de l'Alchimie* d'Irénée Philoponi Philalèthe[23], là, ils y trouveront assez de matière pour se convaincre eux-mêmes, à moins qu'ils ne soient complètement aveugles, du préjugé naïf qu'ils portent sur ceux qu'ils ne sont pas en mesure de

---

[23] The marrow of alchemy (trad. la Moelle de l'Alchimie), 1654.

contredire avec la moindre rigueur : notre innocente Philosophie est exempte de vices et demeure inébranlable, d'autant plus qu'elle est solidement ancrée dans cette vérité et qu'elle peut rester à l'abri des coups de marteau de ces envieux.

C'est pourquoi je n'ai pas du tout l'intention de me donner beaucoup de peine pour instruire les ignorants d'une voie qu'ils ne pourront jamais suivre, mais mon seul but est de faire en sorte que les vrais amoureux de la sagesse trouvent ici, grâce à mon enseignement, une raison juste de se détourner de leurs erreurs passées ; je trouve, en effet, que ma conduite est si Chrétienne et si honnête, par mes propres voies errantes, sur lesquelles j'ai cheminé longtemps, et sur lesquelles je me trouverais peut-être encore jusqu'à présent, si le Très-Haut n'avait eu pitié de moi, et ne m'avait envoyé un fidèle guide (que j'adorerai du fond de mon cœur, aussi longtemps que j'aurai du souffle en moi, et que je montrerai à mon fidèle guide, l'humilité la plus obéissante et la plus coupable, tout mon respect le plus humble) dont le flambeau lumineux et brûlant a peu à peu allumé ma petite lumière, à la gloire de l'Amour de la Science, dans laquelle je me suis mis dans un si immense désert, où nul ne pourra trouver le chemin de la paix, mais qui, au contraire, après de grands efforts et de grands coûts, sera réduit à une indescriptible misère ; que le lecteur ne s'y trompe pas, j'ai été longtemps, pendant vingt ans (tout comme il en parle dans *La Moelle de l'Alchimie*), l'une des Cuisinières de Geber[24], et je me suis épuisée à de nombreuses besognes ; car, au début, rien ne me rendait plus malheureuse, que d'entendre parler de ces

---

[24] Eirenaeus Philoponos Philalethes, *A true light of alchymy - Containing, I. A correct edition of The marrow of alchymy* (1709), extrait: « Pour ma part, j'ai été pendant de nombreuses années l'un **des cuisiniers de Geber** et j'ai fait des économies en vain, jusqu'à ce que j'aie la chance de connaître cet auteur, qui m'a convaincu de mes erreurs passées et m'a remis dans le droit chemin. » Rabelais Oeuvres complètes, Bibliothèque de la Pléiade (1955), le Cinquième livre, Chapitre 18, extrait : «Je leur vouloys (dist-il) donner leur vin, mais ilz ont eu leur eau bien à propoz. D'eau doulce ilz n'ont cure et ne s'en servent qu'à laver les mains. De bourach (de Borax) leur servira ceste belle eau salée de nitre et sel ammonias en **la cuysine de Geber** (Geber est un Alchimiste arabe né à Séville à la fin du VIIe siècle. C'est Corneille Agrippa qui appelle l'alchimie **la cuisine de Geber**. *De vanitate Scientiarum*, ch. 89). »

choses-là, j'en avais même un peu peur, j'étais également occupée, je m'efforçai, par de nombreuses supplications (je me trouvais alors chez des gens dont je devais exécuter les ordres), de faire oublier à certaines personnes, de jour comme de nuit, ces choses qui me répugnaient cruellement ; mais tout cela a été vain ; au contraire, elles se sont efforcées de m'en persuader par les raisons les plus sensées, je me trouvai donc peu à peu en possession du désir le plus ardent, j'ai commencé à faire des travaux curieux, mais sans aucun résultat ; mon premier travail fut un certain Minéral, que j'ai su décomposer si artificiellement que ceux qui m'accompagnaient parfois dans mon Travail n'ont pas pu s'empêcher d'être étonnés : ensuite, après de nombreuses lectures dans les meilleurs livres, j'ai utilisé le Vitriol, pour lequel Basile Valentin me donna des instructions non négligeables ; comme dans son troisième livre sur l'Universalité du monde entier, il y est largement question du vitriol, ce que je compris à la lettre, sans savoir que ces hommes sages voulaient comprendre par Vénus, non pas le cuivre ou le Vitriol, mais leur Vénus : sur ce Minéral très loué dans sa qualité, c'est-à-dire sur le Vitriol de Chypre, j'ai passé un temps considérable à dissoudre, à évaporer, à coaguler et à cristalliser, et après avoir si bien présenté ces cristaux, qui en vérité devaient avoir leurs 6 angles, et dont le septième se trouvait au milieu, on ne pouvait s'empêcher de penser qu'il en était ainsi, qu'il fallait nécessairement comprendre par-là l'étoile avec laquelle les sages auraient pu être conduits au nouveau roi, et qui se serait réduite en une poudre blanche comme la neige, à une douce chaleur, et dans laquelle on aurait senti quelque douceur ; mais elle ne voulut jamais quitter son genre, et l'âpre saveur du Vitriol eut encore la préférence.

J'ai continué ce travail de dissolution, de coagulation, de cristallisation et de pulvérisation jusqu'à ce que je considère que les impuretés externes soient maintenant toutes éliminées de ce Minéral de grande valeur, c'est pour cela qu'il fallait le faire, pour séparer les impuretés internes, je me suis donc occupé à faire rougeoyer cette poudre blanche comme neige, dans un récipient fermé, en la chauffant doucement, ce qui lui permettait de faire sortir son contenu interne et retourner son contenu externe : ces fèces intérieures devaient ensuite être lavées avec le Vinaigre Philosophique ; après avoir lavé ces impuretés intérieures, j'ai voulu diviser la matière en trois parties, c'est-à-dire apporter à un sujet l'Esprit, l'Âme et le Corps, et ensuite, après l'avoir placée dans l'Œuf Philosophique, attendre la chaleur continue des couleurs jusqu'à la fin de l'Élixir rouge, sur lequel, hélas ! Ô folie et aveuglement ! Je ne considérais pas que ce que l'on semait doive nécessairement être récolté, c'est pourquoi je devais regretter avec beaucoup de soupirs ma longue peine, en plus de la perte de temps et de dépenses, et ce qui était encore plus important, ma stupidité et mon ignorance multiples.

Après cela, j'ai entrepris de dépouiller le Métal de son âme, ayant attendu toute une

année des Lumières, et je me suis en quelque
sorte soustrait de toute compagnie humaine ;
je me décidai donc à vivre dans une étrange
solitude, tout ce qui était mondain me
répugnait et me contrariait, tandis que je
cherchais mon plaisir à contempler les œuvres
de la Nature et à me livrer à ses merveilles, je
m'y exerçais donc jour et nuit, et j'estimais la
contemplation de mes fourneaux bien
supérieure à la présence de mes meilleurs
amis ; mais, malgré mon travail assidu et
constant, tout cela eut une issue regrettable,
mais je ne pouvais en vérité pas me reprocher
d'avoir manqué quelque chose dans
l'opération ou dans la manipulation ; j'avais
un maître d'apprentissage qui comprenait
parfaitement tous les travaux de Chymie,
mais nous étions comparables à ceux qui,
lorsqu'ils veulent greffer un arbre, coupent ici
et là quelques branches en pensant qu'elles
deviendront un vrai arbre, ou qui, en prenant
quelques parties de l'Homme, comme le bras
et la jambe, pensent qu'il sera possible d'en
faire un homme bien formé ; bien qu'il

s'agisse de choses dont on pourrait penser que même les enfants les plus simples les connaissent, qu'il est donc tout à fait inutile d'instruire les gens intelligents, arrivant à l'âge adulte, avec des exemples aussi grossiers, il n'en reste pas moins que la plupart des Alchimistes d'aujourd'hui, qui prétendent comprendre la Nature, traitent de telles choses et d'autres, similaires, comme ces exemples grossiers ; mais lorsqu'ils auront bien compris les choses naturelles, ils se mettront aussi à l'écoute de la Nature, dont ils observeront avec diligence l'Œuvre précise et ordonnée ; l'Art suit la Nature de près, si l'on fait quelque chose qui va à l'encontre de la Nature, l'Art prend rapidement fin.

C'est par ces travaux inutiles et ennuyeux que je me suis épuisée, comme je l'ai dit, pendant vingt ans, avant d'arriver à une juste connaissance, et le Lecteur bien-aimé est averti de ma part, par une juste bienveillance Chrétienne et fraternelle, de se tenir sur ses gardes à l'égard des Métaux et des Minéraux, quels que soient les noms qu'ils portent, comme l'Or et l'Argent, et, du reste, les autres Métaux.

En ce qui concerne les Minéraux, gardez-vous du Vitriol, de l'Antimoine[25], ou de tout autre nom qu'on leur donne, et gardez-vous aussi du Vif-Argent ; en somme, toutes ces choses, tant Métaux que Minéraux (sans exception), ne sont d'aucune utilité pour notre Œuvre, ce que j'atteste hautement être vrai.

De ces discours, qui sont tous véridiques et vrais, il n'est pas possible de renverser l'opinion des Hommes véritables, tel Philalèthe, qui atteste que la matière qu'il faut prendre en main, sans quelques paroles douteuses, est le Mercure et le Soleil, ce qui est alors certainement, dans la plus grande certitude, la pure vérité loyale, nette et inaltérée, et cet homme n'a pas allumé dans le monde une petite Lumière : cependant, il ne s'agit pas du Vif-Argent commun, mais du Mercure et du Soleil des Sages, dans lesquels il y a une différence notable, aussi grande que

---

[25] De symbole Sb, du latin *stibium*.

le Jour et la Nuit ; alors pourquoi ces Hommes sages, qui ont tous obtenu cette blancheur céleste par un labeur acharné, et qui ont parfois dû passer des nuits agitées à suer, comme l'a confessé non seulement le bien-aimé Philalèthe, mais bien d'autres encore (et comme je peux aussi témoigner que cette recherche profonde m'a souvent demandé beaucoup de sueur), devraient-ils tous l'exposer si ouvertement au monde ingrat et sordide ?

Il serait tout à fait contraire aux préceptes des Philosophes, qui ont jeté une malédiction à celui qui se permettrait d'appeler la Matière par son vrai nom ; alors qu'à leurs fils, à leurs enfants, qui, tout en invoquant Dieu de tout leur cœur, travaillent sans relâche et avec application (malgré la persécution du monde mauvais et de ses pièges), ils ont écrit si clairement, si ouvertement, que je voudrais avoir l'occasion de confesser mes sentiments de gratitude envers de tels enseignants fidèles. J'ai dit avec vérité que pour préparer notre Pierre, il fallait se passer de tous les Métaux et de tous les Minéraux, et comme tout cela est vrai, il n'en est pas moins vrai que les Végétaux et les Animaux sont tout à fait inaptes à le faire aussi ; alors, comme je l'ai dit, on récolte ce que l'on a semé ; mais j'ai déjà dit plus haut que, puisque cette Pierre devait être utilisée pour améliorer les métaux, il fallait nécessairement que cette Pierre soit produite à partir d'une Semence métallique ; c'est pourquoi mon cher Lecteur voudra bien regarder où il pourrait trouver une telle Semence, une telle Humidité de Base.

Basile Valentin, un homme qui, bien qu'il ait un style profond, s'y prend si bien dans le livre de *La grande Pierre des anciens Sages* [26], que je m'étonne que tant d'hommes éminents et savants aient si peu pratiqué en ce domaine ; mais, comme nous l'avons déjà dit,

---

[26] Basile Valentin, *Ein kurtz summarischer Tractat, von dem grossen Stein der Uralten* (1599) (trad. *Un bref Traité sommaire de la grande Pierre des Anciens*). En version française dans *Les Douzes clefs de Philosophie de Frère Basile Valentin* (1599). On trouve l'extrait suivant : « Or mon ami, afin que je t'enseigne d'où cette semence, et cette matière est puisée, songe en toi même à quelle fin et usage tu veux faire la Pierre, alors tu sauras qu'elle ne s'extrait que de **racine métallique**, ordonnée du Créateur à la génération seulement des Métaux. »

c'est une chose qui doit être consacrée par Dieu le Très-Haut, dont le sceau inviolable est apposé dessus.

Il est impossible de l'obtenir sans que l'Homme entre d'abord en lui-même et se connaisse lui-même ; il faut donc qu'il sorte de lui-même et du monde, et qu'il entre en Dieu ; c'est alors qu'il pourra se faire quelques espoirs en cette Pierre bénie, sinon il ne le pourra pas.

À ce moment-là, voyant que tous mes efforts avaient été vains, j'ai décidé de chercher ce grand secret d'une tout autre manière.

J'ai contemplé la vanité et le néant de ce monde, où l'Homme est si misérable et si aveugle, bien qu'il sache que cette vie n'est que de l'épaisseur d'une main et qu'elle n'est rien d'autre qu'un soir de tristesse, et qu'elle ne peut en aucun cas être appelée un jour de bonheur et de joie, qui est si fragile, si caduc, que si l'on croit fleurir tôt le matin, comme une rose bien taillée, on doit s'interrompre et se flétrir avant le soir, et pourtant on se donne tant de peine, et l'on est occupé pour ainsi dire jour et nuit, à se livrer aux choses de ce monde, ce qui est alors une grande vanité et une grande dissipation de l'esprit.

Cette misérable chose qu'est l'Humanité m'a paru bien triste, et plus je m'y plongeais, plus j'éprouvais de dégoût pour toutes les choses de ce monde, et plus j'avais de désir et d'amour pour les choses célestes.

Je dis en vérité que toutes les choses du monde m'inspiraient un vrai dégoût et une vraie répulsion, mais que les choses célestes étaient ma vraie joie et mon vrai réconfort, dans lequel je m'exerçais jour et nuit ; j'ai toujours aimé marcher dans les chemins de Dieu, ses commandements m'étaient plus chers que mille pièces d'or, et je m'occupais aussi de rappeler à l'ordre, par des prières et des supplications, ceux que je côtoyais chaque jour, et de les détourner sérieusement de leurs affaires mondaines, dans lesquelles ils s'étaient beaucoup enfoncés et empêtrés, ce qui, hélas ! Était le plus souvent vain ; mais je dois avouer qu'en cela je n'avais pas trouvé la bonne mesure, c'est-à-dire que je n'avais pas encore trouvé le moyen d'éviter les vices ; j'étais dans cet état d'esprit quand je voyais des Hommes qui, dans leur vie naturelle, s'efforçaient plus de vivre dans le monde que de pratiquer les choses spirituelles et célestes, et j'éprouvais pour eux un véritable dégoût et une grande haine, sans considérer ici l'action particulière de Dieu et la manière dont nous, pauvres et inutiles, ne pouvions rien faire par nous-mêmes, alors que je savais bien que personne ne pouvait s'approcher du Seigneur Jésus, si ce n'est par l'intermédiaire du Père. Oui, je n'avais pas considéré que tous ne pouvaient pas entrer à la même heure dans la Vigne de Dieu[27] pour y travailler, et que le soir était un jour aussi agréable que le matin, de sorte qu'il m'est arrivé parfois de ne pas craindre de porter un jugement sur de tels Hommes du monde, alors que j'aurais dû, en toute justice, les exhorter très fraternellement, couvrir leurs fautes du manteau de la charité, et ne pas me dispenser de prier en leur présence.

---

[27] Lire Jean 15.1-11

Mais petit à petit, je suis parvenue à une meilleure compréhension ; j'ai donc estimé qu'il n'était pas dans le pouvoir de quelqu'un de se débarrasser de son état de pécheur naturel, entamé et endurci, mais que l'Homme naturel était mort dans le péché et la transgression, et qu'il ne pouvait pas plus se donner la vie, comme un enfant non encore né dans le ventre de sa mère ne peut se mettre au monde lui-même, et lui venir en aide en paroles et en actes : à la suite de cette connaissance, j'ai eu un amour pénétrant pour mon Dieu, pour mon Seigneur Jésus et pour tous les Hommes, et j'ai pu bénir ceux qui me maudissaient, c'était mon désir le plus cher, de voir le Seigneur Jésus de mes propres yeux, tel qu'il avait cheminé sur terre aux jours de sa chair, je l'ai appelée et suppliée pour sa grâce, pour son saint amour, et je l'ai aussi cherchée de nuit, comme la fiancée dans le *Cant. 3*[28], celui que mon âme a aimé, oui, je peux dire en toute vérité avec les Églises de

---

[28] Cantique 3.1 : Sur ma couche, pendant **les nuits**, j'ai cherché celui que mon cœur aime ; je l'ai cherché, et je ne l'ai point trouvé...

Dieu : de mon âme, je t'ai désirée dans la détresse, de mon esprit, je t'ai cherchée dès le commencement. Que de fois j'ai parlé ainsi, quand je n'ai pas pu trouver aussitôt, à ma demande, le Seigneur Jésus. Jusqu'à quand, ô, mon Seigneur Jésus, devrai-je chercher avec tant de crainte ? Combien de temps dois-je consacrer à ce désir, combien de temps dois-je encore lutter, courir, jusqu'à ce que je puisse être mise hors de ce temps, oui, hors de cette horrible prison du corps, pour aller vers toi, ô, Seigneur Jésus, dans la liberté éternelle ?

Hélas ! Je soupire et je désire être revêtue de ma demeure qui est le ciel ; j'aime mieux être absente au corps, et présente à mon Seigneur et à Dieu. Quand y arriverai-je, et paraîtrai-je devant lui ? Quand recevrai-je les biens acquis de mon Seigneur Jésus, les fruits de mon travail, la récompense de mes efforts, la récompense de ma foi, le salut de mon âme ? À la vue de cette vision angoissante du fiancé de mon âme, j'ai senti qu'il se tenait seulement sur le mur et qu'il regardait à travers la grille, de sorte que j'ai pu m'exclamer avec une joie sincère que je venais de trouver celui que mon âme aime ! J'ai été quelque temps dans une telle exaltation du cœur, en pensant au Très-Haut.

Mais hélas ! Que peut attendre une telle âme amoureuse des enfants de ce monde, des gardiens des Maures et même de ses proches parents ? Certainement rien d'autre que des moqueries, des railleries et de la honte : on prend le châle d'une telle fiancée, on la frappe, on lui fait boire du vinaigre et de la bile amère au moment où elle a le plus soif ; on n'hésite pas à la dénoncer de toutes les manières possibles, et même à l'accuser d'être une abomination du monde.

Mais hélas, mon Seigneur Jésus ! Que faut-il faire ici ? Une telle âme ne se reconnaît pour ainsi dire plus elle-même, je ne vois rien d'autre que de me tenir avec toi sous la croix et de m'écrier, Seigneur Jésus, souviens-toi de moi ! Dis-moi donc, toi que mon âme aime, où tu te reposes, où tu paîtras ? Mais rassure-toi, ô, mon âme ! Au milieu de cette effrayante persécution, la fiancée de ton âme t'adresse cette consolante question-réponse ; tu ne te connais pas toi-même ? Marche sur les traces des brebis.

Mais en même temps, comme je me trouvais au milieu de ces cruels serviteurs de la guerre (les grandes injustices commises à mon égard, ceux-là mêmes qui étaient chargés par Dieu de me protéger et de me défendre en toutes circonstances, et dont la malveillance honteuse à mon égard me contraint à parler ainsi ; ils n'ont pas craint d'acheter les plus fâcheux et les plus odieux des coquins pour me nuire), je n'ai appris rien d'autre en ce monde que de se garder de nuire ; je ne désirais rien de plus que Jésus-Christ, et je l'ai reçue en cadeau : j'étais dans un état tout à fait heureuse, je me trouvais vraiment dans un désert spirituel, je pouvais parler aimablement avec mon frère, j'étais parfois conduite par lui dans le vignoble, je voyais fleurir les grenadiers, j'étais rafraîchie par les fleurs et régalée par les pommes ; ô grand bonheur inexprimable ! Mais que s'est-il passé pendant ce temps-là ? J'ai de nouveau eu un véritable plaisir de m'exercer à la Chymie : je fus donc bien convaincue que, puisque j'avais d'abord cherché ce qui se trouvait là-haut, tout me serait maintenant acquis ; je n'y tenais pas tant que ça au début, parce que j'avais déjà trouvé la bonne Pierre, oui, la bonne Pierre : mais les voies de Dieu et les nôtres sont très différentes ; Dieu nous conduit souvent par un chemin que nous ne connaissons pas, et je peux bien dire en toute vérité que, dans cette partie aussi, j'ai dû suivre un chemin tout à fait rude et non frayé, à travers l'abîme des montagnes, et que j'ai eu derrière moi le diable et toute son armée, je veux dire que, chaque jour, de nombreuses et diverses flèches de calomnie me sont tombées dessus de toutes parts et de tous côtés, et que plus de mille pièges ont été tendus à mes pieds : des deux côtés, j'avais de hautes montagnes et des rochers inexpugnables[29], je comprends que Salomon, en son temps, n'ait pas vu de plus grand malheur sous le soleil : je n'ai jamais eu besoin d'une telle armure, que

---

[29] Imprenable.

la foi, l'espérance et la patience, je dois cependant avouer que, malgré ma fermeté de roc, il m'est souvent venu à l'idée de revenir sur mes pas, alors que j'avais déjà franchi bien des écueils difficiles, et que je les avais déjà surmontés, d'autant plus que je me sentais trop faible pour supporter plus longtemps ces grandes difficultés, à cause des violentes persécutions qui m'avaient assaillie à droite et à gauche ; c'est pourquoi il s'est souvent produit dans mon esprit un violent combat, que j'ai pu surmonter avec la plus grande victoire grâce à celui qui était puissant et qui, malgré mes nombreux et grands doutes, m'a encore guidé de sa main.

Pour que cette querelle de raison prenne le dessus sur moi, on me présenta d'immenses et puissants Géants, je comprends par-là les enfants qui, autrefois, faisaient courir dans le pays une mauvaise rumeur.

Bien que j'aie pu les mettre à terre avec une pierre de fronde prise dans la sacoche d'un berger, beaucoup d'autres ennemis plus puissants se sont rapidement réveillés[30] ; il en vint ensuite qui, bien que ne se laissant pas voir, pouvaient se hasarder à me parler en face, comme il convient aux Hommes d'honneur (j'ai dit plus haut, dans la préface, ce que c'est qu'un Homme), qui peuvent exposer publiquement ce qui les gêne, mais les autres, semblables aux animaux les plus vils et les plus nuisibles, qui n'exercent leur mal que dans les ténèbres, n'ont pas eu le cœur de s'opposer à moi publiquement, mais ont dû cracher leur venin contre moi par des missives et des lettres honteuses ; mais pour ma consolation, en présence de ce poison répandu contre moi, j'ai été munie d'un préservatif[31] qui n'a fait qu'alourdir la peine de ces ennemis.

Dans cette période trouble de persécution, j'ai dû souvent m'exprimer en ces termes : puisque je ne peux plus rien faire, dois-je

---

[30] Avec les termes de *Géant* et de *pierre de fonde*, elle fait probablement, d'une manière imagée, une analogie entre ce qu'elle a vécue, et le combat mythologique de David contre Goliath (NDT).

[31] Mot désuet, qui désigne un objet destiné à protéger de quelque chose ou quelqu'un.

revenir en arrière, surtout que tout mon esprit, oui, ma raison, est prise d'assaut, et que, comme ils possèdent la domination absolue, dois-je succomber ? Devrais-je souffrir qu'ils se moquent de moi de la manière la plus insultante qui soit ? Ces ennemis auront-ils la gloire d'exterminer ces arbres profondément enracinés par le seul vent de leur souffle ? Seraient-ils capables de détruire une œuvre aussi importante, qui a nécessité tant d'efforts, d'application et de réflexion, et dans laquelle Dieu a été si puissant par sa grâce, et dont il est en quelque sorte le chef d'armée et le guide ? Ces Hommes impuissants s'imaginent-ils qu'ils vont me détourner du dessein que je me suis fixé ? Loin de là, et jamais cela ne sera permis ; si le Dragon d'Orient se trouvait en sa possession, quelqu'un pourrait-il s'imaginer qu'avec une telle hésitation et une telle frayeur, semblable à ceux qui ont commis des méfaits, qu'il ferait grand cas de ces bois et de ceux qui se trouvent sur son chemin ? Pourquoi avons-nous des cœurs si lâches et si effrayés (ce discours ne s'adressait pas moins à ce monsieur dont on a dit là-haut qu'il avait été mon guide, et dont la lampe flamboyante avait allumé mon amour ; Les obstacles se manifestaient aussi bien à l'égard de sa haute personne qu'à mon égard, bien que ce Seigneur eût été assez puissant pour abattre tous ces ennemis d'un seul mot, et même les faire tomber d'un seul regard, son humilité ne le lui permettait pas, mais il était disposé à supporter à côté de moi de telles adversités avec patience, et avec une douceur et une bonté feintes, et même à me remettre l'épée dans ma poche comme le coléreux Pierre[32], j'ai fait une recommandation tout à fait admirable et instructive, d'autant plus que je pouvais bien juger, et que je devais considérer comme juste, que tous ces obstacles avaient été placés sur le chemin à tout moment par un destin étrange, et qu'il ne nous appartient pas de

---

[32]Jean 18.10 : 12 : « Simon Pierre, qui avait une épée, la tira, frappa le serviteur du souverain sacrificateur, et lui coupa l'oreille droite. Ce serviteur s'appelait Malchus. **Jésus dit à Pierre : remets ton épée dans le fourreau.** Ne boirai-je pas la coupe que le Père m'a donnée à boire ? La cohorte, le tribun, et les huissiers des Juifs, se saisirent alors de Jésus, et le lièrent. »

dicter ici au Très-Haut le temps, le lieu et l'heure, d'autant plus qu'il l'a réservé uniquement en son pouvoir, et que la sérénité était le meilleur moyen d'y parvenir), pourquoi ne méprisons-nous pas, avec un esprit magnanime, tous ces obstacles et ces contrariétés ? Pourquoi ne nous y opposons-nous pas avec un courage inébranlable, et n'y renonçons-nous pas avant d'avoir franchi de toutes nos forces tous les obstacles qui se dressent sur notre chemin, pour parvenir au but que nous nous sommes fixé ? Pourquoi la magnanimité, qui est toujours encline à des actes héroïques, ne nous fait-elle point autant défaut, afin que, par l'assistance divine, nous pesions de tout notre poids, dans ces choses si difficiles, pour obtenir une Œuvre aussi grande et aussi importante ? Pourquoi restons-nous ainsi immobiles, sans bouger, à enfouir nos talents et nos dons que Dieu a mis en nous (mais avec une humilité imperturbable, comme si c'était ce que Dieu regardait le plus, sachant bien que nous n'avons rien par nous-mêmes et de nous-mêmes, et que nous ne sommes rien, ce qui est le but de la vertu dont nous pouvons prendre conscience), tandis que nous devrions rayonner devant les autres ? Mais tout cela, comme je l'ai dit, m'a été répondu avec la plus grande humilité d'esprit et les plus belles raisons les plus irréfutables.

Alors mon désir de mettre mon travail en Œuvre augmentait de jour en jour, si bien que j'en avais une envie brûlante ; oh, quel désir j'avais de placer l'aigle couronné sur le trône et de lui remettre le sceptre d'honneur ! Mais, hélas ! Plus mon ambition légitime augmentait, moins j'en avais l'occasion, à cause des persécutions impies de mes ennemis (je ne peux pas les appeler amis à cause des méchancetés qu'ils ont commises, mais je leur souhaite tout ce qu'on peut souhaiter à ses amis, en particulier une meilleure vie), et enfin par un étrange commandement de Dieu, j'entrai en relation avec un noble seigneur, dont il m'est interdit de placer ici la nation, la haute lignée, ainsi que le rang d'honneur et la résidence ; mais je ne peux m'empêcher de

dire ceci, que son érudition était immense, et
que sa bienveillance à mon égard était grande,
ce que j'ai pu constater d'un cœur humble, en
toutes circonstances, et que rien ne me
retienne de le faire. Somme toute, je
vénérerai ce monsieur et je lui resterai fidèle
et obéissante aussi longtemps que je vivrai.
Que l'Éternel soit son bouclier, qu'il fasse
régner éternellement sa grâce sur lui, et
qu'aussi longtemps que le ciel subsistera, que
l'alliance de Dieu demeure inébranlable au-
dessus de lui ! Je désire tout cela du fond de
mon âme, et que le ciel l'approuve par un
amen. J'ai eu le privilège de lire les livres les
plus curieux de ce monsieur, et j'ai senti qu'il
se réjouissait sincèrement de ce que l'éternel
Dieu miséricordieux eût placé ses dons dans
un si faible récipient (une figure de femme).
Grâce à mes lectures assidues, laborieuses et
infatigables, le Dieu Très-Haut m'a permis de
comprendre cette sainte science, raison pour
laquelle la louange, l'honneur et la
reconnaissance reviennent à jamais au Dieu
Très-Haut. Je voudrais informer le lecteur de

ce point, mais un sceau est apposé sur ma bouche.

Cependant, afin que je puisse atteindre mon dessein et mon intention de montrer au Lecteur bien-aimé tout ce qu'il m'est permis de faire, je parlerai d'abord du commencement de notre Matière, puis de sa préparation : troisièmement, de la première et de la seconde Conjonction, puis enfin de l'élaboration de notre grand Élixir, que je vais mettre en œuvre avec une telle fidélité et une telle franchise, de sorte qu'un Frère ne puisse pas mieux en instruire un autre, avec plus de bienveillance.

J'ai dit que les Métaux et les Minéraux sont inutiles dans la recherche de notre pierre, et qu'ils ne s'y prêtent en aucun cas, ce qui est aussi la vérité : alors, on ne peut dire que ce qui est écrit dans *Sagesse 12*[33] : et ton Esprit impérissable est en tous, y compris dans tous les Métaux, les Minéraux, les Végétaux et les Animaux ; mais nous n'avons pas besoin de

---

[33] Le Livre de la Sagesse, chapitre 12.1 : « toi dont le souffle impérissable les anime tous. » On trouve aussi parfois à la place du mot *souffle*, la traduction du mot *esprit* (NDT).

chercher cet Esprit et le commencement de toutes choses dans tous les Métaux, ou plutôt dans ces corps durs et fermés, car la Nature nous a donné quelque chose de plus proche dans lequel nous pouvons chercher et trouver cette Semence : notre Matière est un être unique, de même que toutes les choses inexprimables qui, avant la création des cieux et de la terre, étaient invisibles, incompréhensibles, cachées dans une Substance aussi infime : tous les Philosophes écrivent à ce sujet que l'apparence est peu de choses, mais que la Nature occulte[34], qui détermine tout ce qui est en elle, s'élève comme une grande montagne, et qu'elle fait verdir toutes sortes de couleurs, de toutes sortes de genres. Elle est le **Lait de la Vierge**[35], elle est le **Lion vert**[36], elle est délicieuse et

---

[34] Cachée.

[35] Dictionnaire mytho-hermétique, LAIT DE LA VIERGE ou lait des philosophes. C'est la même chose que lait virginal. Lorsque les Sages disent qu'il faut nourrir la pierre de son lait, cela doit s'entendre dans deux sens différents, ou du feu externe qu'il faut entretenir pour pousser la pierre à sa perfection, ou du mercure même dont elle est composée; et dans ce dernier sens, il s'agit de la multiplication ou de la confection de l'élixir.

[36] Dictionnaire mytho-hermétique, LION VERT : Matière que les Philosophes Chymiques emploient pour faire le magistère des

79

belle dans sa force, sa puissance, sa vertu et sa violence, elle se trouve partout, elle est le véritable ouvreur et la véritable fermeture, ainsi que la pénétrante de toutes choses[37].

Elle est la véritable Etoile-Signature, la vraie Médecine des Sages, elle vient d'une Semence pure, elle est appelée Chaos par les Philosophes, elle est précisément ce sur quoi planait l'Esprit de Dieu au début ; parce que Dieu, l'Éternel, par sa puissante parole, qui était un Esprit, et même le souffle qui sortait de sa bouche, a donné la vie à toutes les

---

Sages; cette matière est certainement minérale, et prise du règne minéral. Elle est la base de tous les menstrues dont les Philosophes ont parlé. C'est de cette matière qu'ils ont composé leur dissolvant universel, qu'ils ont ensuite *acué* avec les essences des végétaux, pour faire le menstrue végétal; avec les essences des animaux, pour le menstrue animal; et avec les essences des minéraux, pour le menstrue minéral. Ils ont donné le nom de Lion vert à cette matière pour plusieurs raisons, dit Riplée : 1°. Parce que c'est par lui que tout reverdit et croît dans la nature. 2°. Parce que c'est une matière encore acide et non mûre, bien éloignée de la perfection de l'or vulgaire; mais qui, par le secours de l'art, devient infiniment au-dessus de ce Roi des métaux : c'est un or vert, un or vif, encore imparfait, et qui, pat cette raison, a la faculté de réduire tous les métaux en leur première matière, et de volatiliser les plus fixes. 3°. Parce que le mercure qu'on extrait de cette matière rend semblable à lui-même, et détruit tous les autres corps, comme le Lion fait des autres animaux. 4°. Enfin, parce qu'il donne une dissolution verte. [37] Lire *Hydropyrographum Hermeticum,* dans *Aurifontina chymica* de John Frederick Houpreght (1680), p61 et 67.

créatures et à toutes les natures, ce dont nous ne pouvons pas assez nous étonner, mais dont nous devons rester tout à fait émerveillés, que de cette matière unique, qui n'a pour ainsi dire jamais été rien, sont sorties des créatures si puissantes, aux mystères ineffables, aux espèces et aux forces si diverses, avec deux substances, visible et invisible, morte et vivante, solide et volatile ; et trois autres, tels que le Corps, l'Âme et l'Esprit, et même quatre éléments, l'Air, le Feu, l'Eau et la Terre, sont sortis et ont germé, lesquels sont enracinés dans chaque matière.

Que le Lecteur bien-aimé sache donc que Dieu tout-puissant lui a donné au commencement une matière spéciale, dans laquelle il a jeté, réuni et enfermé, selon son bon plaisir, les choses célestes et les choses terrestres, les choses éternelles et les choses temporelles, les choses immortelles et les choses damnées, les choses bonnes et les choses mauvaises ; c'est là aussi que se trouvent la rougeur, et notre certaine Matière à chercher, dont on fait la Pierre philosophale et la Médecine la plus excellente.

Il est donc manifeste qu'aucune autre Matière ne peut être trouvée ailleurs, où que l'on cherche, qui puisse accomplir ce que nous désirons, si ce n'est cette seule et unique Matière initiale. Elle est donc née d'une Semence pure et supérieure, c'est-à-dire de l'Esprit de Dieu. Ah ! Ah ! Qui est celui dont les yeux et l'intelligence sont si éclairés qu'on peut voir qu'il est doué d'une si grande force intérieure ? Ô mon cher lecteur avide de sagesse ! Invoque celui qui, d'un seul mot ! A ouvert les oreilles des sourds pour qu'ils entendent la voix de la grâce du salut du monde.

Invoque celui qui, avec un peu d'eau et de terre, a enduit les yeux de l'aveugle, lequel a ainsi recouvré rapidement la vue. Invoque celui qui a fait marcher les boiteux, parler les muets, purifier les malpropres, en somme tout ce qui est bon, et tu auras les yeux de la raison illuminés, et tu pourras contempler cette Matière, peu importante à l'extérieur, mais intérieurement glorieuse, et tu sauras alors distinguer ce qui est pur de ce qui est impur. Maintenant, il faut expliquer cette Matière avec autant de sincérité et de clarté qu'il est permis.

Nous devons donc veiller jour et nuit à cacher notre Pierre, de peur que les impies ne la reconnaissent et ne fassent beaucoup de mal à cause d'elle. Ce n'est pas non plus la volonté de Dieu que tous à chacun, sans distinction, connaissent cette Pierre si précieuse, car Dieu tout-puissant n'a révélé cette haute science qu'à quelques-uns de ses enfants, ceux qu'il a désignés dès le début pour cela, ils ne peuvent pas non plus ignorer la volonté du Très-Haut, d'écrire si clairement sur ce sujet et d'appeler la Pierre par son vrai nom, de sorte que même les méchants puissent s'en servir pour exercer leur pouvoir selon la volonté de leur cœur, ce qui n'arrivera jamais. Je peux cependant assurer que les vrais fils de cet Art béni verront tout aussi clairement et ouvertement que dans un Miroir[38], exemple que je ne veux donc pas ajouter ici sans raison et sans grand avantage particulier, quoique seulement en passant.

Prends cette première Matière qui est notre Vénus, ajoute-lui Mars le querelleur, qui, après avoir embrassé son épouse lui fera quitter ses vêtements impurs et la fera sortir de son lit nuptial toute nouvelle, revêtue d'ornements célestes, ce qui sera le signe juste qu'elle est maintenant devenue semblable à celles qui se trouvaient au paradis au commencement, avant la malédiction. De là découle seulement l'Eau de Vie, l'Eau qui ne mouille pas les Mains ; quand tu auras cette Eau, tu ne devras plus rien chercher, tu auras tout ce dont tu as besoin.

---

[38] Le mot *Miroir* en allemand se dit *Spiegel*. La Stibine, qui est un sulfure d'antimoine (Sb_2S_3), se disait en ancien allemand, *Spießglas* (crachat gris brillant) ou *Spießglanz* (crachat de verre gris). Ainsi, Leona Constantia, en avisée Alchimiste, fait sonner la langue des oiseaux, et donne à entendre l'homophonie entre *Spiegel*-Miroir et *Spießglas*-Stibine. En complément, il y a un autre mot proche, *Speichel*, qui veut dire : *salive, bave, crachat*. Dans le Dictionnaire mytho-hermétique, on y lit : CRACHAT DE LUNE : c'est la matière de la pierre philosophale avant sa préparation. Les Sages donnèrent aussi ce nom à leur mercure préparé.

Oh, que cette Eau est délicieuse et glorieuse ! Sans elle, notre œuvre ne pourrait pas s'accomplir ; c'est alors la Fontaine véritable dans laquelle se baignent le Roi et la Reine[39] : c'est la Mère qu'il faut placer et enfermer dans le Ventre de son Enfant, comprenez l'Enfant qui vient d'elle et qui est né d'elle, c'est pourquoi il y a entre eux un amour sincère, comme entre une Mère et son fils, ils viennent d'une même racine et sont d'une même nature.

Cette Eau de Vie donne la vie à toutes les choses qui croissent, elle rafraîchit, fait croître et verdir, elle fait passer de la mort à la vie les corps morts. Par la Dissolution et la Sublimation dans un tel travail, le Corps est transformé en Esprit, et l'Esprit en Corps.

Ensuite, l'amitié, la paix et l'union sont faites de ces deux choses viles, à savoir le Corps et l'Esprit, qui changent de Nature l'un par rapport à l'autre, et qui s'en communiquent

---

[39] En référence à la Fontaine de Bernard le Trévisan (alchimiste du 15e siècle). Lire à ce sujet le texte « *Où est mise la pratique en paroles parabolique* », dans « *Œuvre Chymique de Bernard le Trévisan* », édition Trédaniel (1993), p. 62.

toutes les parties, le chaud se mêlant au froid, le sec à l'humide, le dur au mou, et formant ainsi une union complète, et un lien solide entre ces deux Natures viles.

C'est pourquoi une telle Dissolution des Corps dans notre Eau est une véritable mise à mort, et en même temps une vivification ; dans cette mise à mort et cette vivification du Corps et de l'Esprit, l'Eau doit être tout à fait douce, sans quoi les Corps ne pourraient pas être nettoyés de leurs parties terrestres grossières, et il en résulterait donc un grand obstacle, qui serait hautement préjudiciable à l'Œuvre ; vous n'avez alors besoin de rien d'autre que d'une délicate propriété subtile des corps dissous, qui est acheminée par l'intermédiaire de notre Eau, c'est pourquoi l'Œuvre entière est purifiée par notre Eau humide.

Tout d'abord, par la Dissolution et la Sublimation ; puis, dans cette Dissolution et cette Sublimation naturelles, il se produit une Combinaison des éléments, une Purification et une Séparation du pur et de l'impur, de sorte que le pur et le blanc s'élèvent vers le haut, tandis que l'impur et le terrestre restent au fond du Vase.

Il ne fait aucun doute que le petit vaisseau se heurtera encore beaucoup à ces dangereux écueils, alors que les Philosophes affirment souvent le contraire. Sachez donc, ami Lecteur, que cette séparation, cette dissolution et cette ascension sont, à n'en pas douter, la clef de toute l'Œuvre, aussi bien dans le travail préliminaire que dans le travail ultérieur, auquel vous devrez encore consacrer un temps considérable, à moins que vous n'ayez reçu du Très-Haut un Maître fidèle, en plus d'une chaleureuse invocation à Dieu. Sachez donc qu'avant la Dissolution et la Sublimation, il faut nécessairement passer par la Calcination, ce que l'Auteur décrit de manière très belle et détaillée dans *le Guide du Rubis Céleste* [40], et il est aussi très clair que tout cela ne se fait pas en peu de temps ; il y écrit entre autres, à la fin de son traité, cette parole réfléchie que celle-ci (c'est-à-dire la

---

[40] Irénée Philalèthe, Le Bref Guide du Rubis Céleste (1668).

Calcination) est un retour de la Pierre à sa première Matière, une manifestation de l'humidité fondamentale, et une extraction des natures de leurs profondeurs les plus intimes, qui s'accomplissait lorsqu'on avait amené une telle Pierre en une Eau Minérale[41] : cette Opération n'est pas non plus d'un travail facile ou d'une moindre importance, il n'y a pas d'autre solution, seuls ceux qui s'y sont efforcés peuvent en témoigner : il a aussi dit, dans un autre endroit, qu'il tenait la patience[42] en si haute estime qu'un laborantin avait rencontré bien des raisons de douter, et il a ajouté qu'il ne fallait pas s'imaginer que les choses se passaient ainsi, nous avons attendu longtemps et beaucoup jusqu'à ce qu'il y ait un accord entre les deux corps.

---

[41] Irénée Philalèthe, *Le Bref Guide du Rubis Céleste*, extrait : « C'est la dissolution de notre Pierre, la réduction en sa matière première, la manifestation de l'humidité & l'extraction des natures de ses profondeurs, qui s'accomplit en la mettant dans l'eau minérale. »
[42] Irénée Philalèthe, *Le Bref Guide du Rubis Céleste*, extrait : « (…) la patience est requise en notre œuvre. Vous ne devez point céder au découragement, ou essayer d'accélérer le processus chimique de la dissolution. (…) La patience est par conséquent une grande vertu cardinale en Alchimie. »

On voit donc par ces quelques mots, à combien d'obstacles et de doutes on est soumis dans ce travail manuel ; certes, je ne parlerai pas du moment où l'on a déjà tout mis en ordre, puisqu'il faut toujours s'efforcer de tout mettre en ordre, ce que l'on peut à juste titre appeler un véritable travail d'Hercule ; alors quelle peine n'a-t-on pas à chercher la vraie première Matière, et donc à l'assembler correctement, dans ses proportions internes et externes ?

Que d'efforts, de Travail et de Temps faut-il y consacrer jusqu'à ce que les Aigles soient bien préparés pour voler ?

Que de Temps ne s'écoule-t-il pas jusqu'à ce que l'on ait surmonté le long combat des Aigles contre le Dragon ?

Que ne faut-il pas attendre pour que le Crapaud, qui se nourrit dans la boue, ne donne naissance au Corbeau ?

Combien de temps, dis-je, faut-il pour que ce Corbeau noir laisse s'envoler de sa bouche la Colombe blanche comme neige ?

Enfin, que se passe-t-il avant la naissance de notre Salamandre, qui vit dans le feu ?

Je dois avouer que celui qui a surmonté ces épreuves peut se vanter d'avoir reçu la plus grande merveille du monde, parce qu'il est parvenu à la plus grande félicité. C'est l'Arbre de Vie, qui préserve le corps humain de toute maladie et le renouvelle ; mais il ne peut échapper à la fatalité de la Mort. Oh, bienheureux ceux qui possèdent cet Art béni ; ils ont alors la Source de la richesse et tout ce à quoi leur cœur aspire depuis si longtemps. Réjouissez-vous donc, vous tous qui êtes parvenus à cette suprême félicité, et rendez gloire à votre Dieu ; mais n'en considérez pas moins, bien que vous possédiez la plus haute et la plus grande félicité, que vous soyez prêts et disposés, de quand et en quel moment, le Dieu Très-Haut voudra jeter de nouveau à vos pieds tous ces biens, d'autant plus que ces grandes gloires ne sont que des choses passagères, et n'ont aucune comparaison avec la gloire éternelle et importante, hors de laquelle tout est vanité et fausseté ; la vie dans ce monde n'est rien d'autre qu'un conflit perpétuel, où il y a toujours de l'inquiétude, de la crainte, de l'espoir, et finalement la mort, aussi bien pour celui qui est assis en haut lieu que pour le plus petit sur terre.

Si nous voulons triompher dans ce combat et remporter l'immortelle couronne d'honneur, il nous faut nécessairement regarder autre chose que le temporel, et par conséquent l'éternel, qui doit être notre seul Travail ; mais comment et de quelle manière nous pouvons parvenir à ce travail impérissable, inaltérable et incassable, c'est ce qu'il nous faudra faire en partant de nous-mêmes, comme d'une chose qui veut toujours se diriger vers la terre d'Adam ; l'Homme naturel aspire de toute sa raison, de toute sa volonté, de tous ses sens, de toutes ses forces, à la Lumière naturelle, qui est fausse, et qui veut nous rendre captive à son service, nous qui sommes libres.

Oui, une telle Lumière naturelle apparaît souvent à notre droite, et s'est déguisée en ange de Lumière avec des ornements blancs, et veut nous entraîner à l'obéissance sous un nom et un caractère sacrés (qui ne lui appartiennent pourtant pas). Mais, ô mon Âme ! Abandonne ces feux follets, et que les yeux de ton Cœur se tournent vers toi, vers l'Étoile du matin qui répandra sur toi ses rayons de Lumières. La Lumière naturelle et la Lumière de la Grâce ne vont pas de pair, car la première emprisonne l'âme humaine, de sorte que la pure Lumière de la Grâce ne peut être vue par elle, et l'âme reste donc dans les ténèbres. L'illumination de la Lumière de la Grâce est au-dessus de tous les sens et de la raison, car elle a son origine en Dieu. Personne n'a accès à cette Lumière, sauf ceux qui sont à l'image de Dieu, laquelle image est dessinée et ornée de cette Lumière, et communique aux âmes les puissances célestes, à savoir l'intelligence, la sagesse, la connaissance et la vérité, de cette Lumière des Âmes émane un tel éclat et une telle intelligence que l'Homme en sait et en comprend souvent plus qu'il ne peut en dire avec sa langue, de même, cette Lumière de la

Grâce brille parfois si fortement dans un tel cœur qu'il peut voir beaucoup moins de lui-même, telle la plus petite poussière de soleil ; il se considère alors, beaucoup moins que le plus petit et le plus insignifiant des vers de terre ; mais il voit la Lumière tout autour de lui, le monde entier n'est qu'une petite masse devant lui, il ressent plus de joie en un instant par cette brillante Lumière de la Grâce, que le monde entier avec tous ses plaisirs et sa joie apparente, un tel Homme considère en vérité le bien et la gloire de tout le monde comme un dommage, il ne désire rien d'autre que d'être dans une telle tranquillité, un repos, oui, le sabbat silencieux de son cœur.

Un tel Homme illuminé parle, entend et voit tout autrement que celui qui marche encore dans la Lumière de la raison, alors qu'une telle âme illuminée peut contempler dans son esprit la gloire de Dieu, et Dieu s'unit à lui ; c'est ainsi qu'il est possible d'atteindre la gloire de Dieu ; et s'il arrive qu'un tel Homme doive nécessairement se mêler au monde, que tout se fasse avec une humble crainte, tout en gardant pur le fond de son âme ; Dieu, de qui tout bien doit provenir, l'illumine de telle sorte que ses œuvres extérieures sont aussi gratifiées de purs rayons de la Lumière divine, non pas toutefois avec une ostentation extérieure, mais avec une véritable humilité et une véritable patience ; ce fondement intérieur, c'est-à-dire la modestie et l'humilité, est le vrai lieu de Travail de Dieu, dans lequel, par sa grâce, il rend justice à toutes choses ; nous ne devons donc pas attribuer tout le bien que nous faisons à nous-mêmes, mais à Dieu le Seigneur, et dire avec Paul, ce n'est pas moi, mais la grâce de Dieu qui est en moi, nous pouvons donc voir par-là combien il est nécessaire d'implorer l'aide du Seigneur ; si nous étions laissés à nous-mêmes pendant un court moment, nous saurions combien peu nous pourrions tenir par nos propres forces, surtout que Dieu nous a fait plus de grâce qu'aux autres en général, hélas !

Combien, dès lors, se sont élevés un honneur personnel, un orgueil luciférien ; nous voulions nous élever au-dessus de toutes les créatures, nous ne voulions pas seulement faire une tentative sur l'Arbre de la connaissance du bien et du mal, mais nous voulions aussi en connaître et en explorer les forces intérieures, et l'arracher, pour ainsi dire, de toute sa racine, pour ne satisfaire que notre convoitise.

Ce sont là les chemins qui nous mènent non pas au paradis de Dieu, mais hors de ce jardin, dans la misère extrême, là où nous devons cultiver la terre, c'est-à-dire labourer tout le dur champ de l'affliction, maudit à cause des péchés, et chercher notre nourriture dans les étables et les champs. Ô dure sérénité ! En revanche, si une âme qui a reçu la grâce de Dieu ne désire en rien suivre sa propre voie, mais se soumet de tout son cœur et de tout son esprit à la volonté de Dieu, elle renonce à ses propres forces, ne désire pas avoir de volonté propre, se tient uniquement et simplement nue sous Dieu, se laisse conduire, guider et diriger selon sa sainte volonté et son bon plaisir, et prie en tout temps : Seigneur, que ton bon esprit me guide et me conduise, Seigneur ! Instruis-moi de tes ordres, et conduis-moi dans la voie de tes commandements, Seigneur ! Cherche ton serviteur ; alors je suis comme une brebis égarée, Seigneur ! Que mon héritage soit de garder tes voies, de considérer mes voies, et de ramener mes pas à tes témoignages, ô Éternel ! Seigneur ! Montre-moi le chemin de ta droiture, afin que je le garde jusqu'à la fin : l'âme qui s'abandonne à Dieu saura, en vérité, que le Seigneur, l'Éternel, l'assiste, la guide et la conduit : elle apprendra qu'elle peut se reposer à l'ombre du Tout-Puissant.

Le Seigneur couvrira une telle âme de ses ailes, et son espérance sera sous ses ailes ; et parce qu'une telle âme désire le Seigneur, connaît son nom et l'invoque, le Seigneur l'exaucera, la tirera de la détresse, la conduira à la gloire, la comblera d'une longue vie, et lui montrera enfin son salut éternel.

C'est pourquoi, ô mon âme, ne visons que l'éternité, car c'est elle seule qui apporte le vrai bonheur et le repos, tout disparaît sans l'éternité seule, qu'elle soit le but de toutes tes activités, qu'elle soit uniquement le début, le milieu et la fin de tes pensées, ne travaille pour rien d'autre que pour en recueillir les fruits ; toutes tes actions ne sont rien, si tu ne les diriges pas vers l'éternité.

Ô mon Seigneur Jésus ! Combien de temps auras-tu attendu pour ton avenir, jusqu'à ce que tu nous fasses entrer dans cette bienheureuse éternité ? Puisque l'Esprit et la Fiancée ne cessent de t'appeler, viens, oui, viens, ô, Seigneur Jésus ! Et délivre ta Fiancée, qui doit nager ici dans les courants d'eau les plus cruels et les plus profonds, dans lesquels le monde a l'intention de l'engloutir ; mais, ô, Sion élue ! Qui peut te faire du mal et qui veut te nuire ? Comme Emmanuel qui se tient à tes côtés, pourquoi le royaume des ténèbres pourrait-il l'écorcher ? Puisque tu es entouré de la Lumière de l'Étoile brillante du matin.

Encourage seulement ton cœur, et ne te lasse pas, souviens-toi des fameuses promesses que t'a faites ton Emmanuel, qui marche sous les

7 chandeliers ; même si l'on te présente la coupe amère remplie de myrrhe à la Croix[43], même si tu es prêt à aller avec le Christ au Golgotha, où la couronne d'épines et la croix t'attendent, tu dois, avec ta foi, voir la couronne de vie qui t'est promise et y rester fidèle jusqu'à la mort.

Alors ! Ô mon Seigneur Jésus ! Ne pardonnez donc pas plus longtemps, car votre fiancée a attendu si longtemps qu'elle s'est parfois endormie à cause de votre retard dans le monde insensé, et qu'elle serait aussi souvent tombée dans un assoupissement spirituel, si vous aviez, par votre grâce, gardé ouvert pour moi l'œil de la foi, qui vous voit alors déjà venir en vérité avec plusieurs milliers de saints pour le jugement (j'entends par le jour de ses noces, la millième année du règne du Christ, qui est le règne où le Christ, selon son avènement, mettra les serviteurs fidèles au-dessus de ses bienfaiteurs, Matth. 24).

Dis-moi donc maintenant, car je n'ai pas

---

[43] Marc 15 : 23 « Ils lui donnaient du vin aromatisé de myrrhe ; mais il n'en prit pas. »

l'intention de m'étendre sur ce sujet, qui n'est qu'un sujet de moquerie, que sans ces mille ans, nul ne pourra atteindre le ciel éternel, là où tu viendras nous chercher comme ta fiancée, pour nous faire asseoir sur le trône de ta gloire, comme tu l'as fait avec ton père sur son trône. Ô jour de bonheur et de joie ! Ce que mon âme désire ardemment : Ô, Seigneur, fais-nous la grâce de nous trouver parmi tes prémices, et d'entonner le nouveau cantique de l'Agneau, avec un alléluia éternel, en chantant : Honneur, gloire, puissance, force, louange et gloire, à notre Dieu et à l'Agneau, dans les siècles des siècles.

Pour finir, je veux, par sincérité, indiquer au Lecteur bien-aimé, d'une autre manière, comment et de quelle manière il doit préparer notre Pierre. Faites combattre ensemble les deux héros de guerre, Saturne et Mars (bien que le premier ait envie de faire la paix[44]), et

---

[44] Irénée Philalèthe, *la Moelle de l'Alchimie*, extrait : « Plus encore, Ariès est connu de la maison du vaillant Mars, en laquelle tous les artistes vous recommandent de commencer votre ouvrage, et que pourrait-on dire plus clairement ? Sûrement il ne peut y avoir personne de si ignorant pour ne pas croire qu'un sens caché est scellé dans ces mots, qui jusqu'ici n'avaient jamais été aussi bien

après trois ou quatre coups violents, ils annonceront la paix et verront s'élever, en signe de cette paix, la magnifique bannière qui ressemble à une Étoile, a ces héros belliqueux maintenant unis, qui se sont beaucoup fatigués à cause de l'ardeur du combat, on offrira l'Eau de Vie pour les rafraîchir et les soulager (mais cette Eau doit encore être Rectifiée), et par son usage, ces combattants triomphants établiront une alliance éternelle et inséparable. En signe de cette union solide et inaltérable apparaissent les deux Colombes de Diane, apaisées, portant dans leur bec le rameau d'olivier.

Pour que cette paix soit proclamée dans le monde entier, un Héraut se présente et fait retentir sa voix de 7 ou 9 sons dans le monde entier. À présent, les adversaires sont unis, et après le vent violent qui a déchiré les rochers, après le tremblement de terre, après le feu dévorant, un doux et calme murmure s'est à

_____

expliqués. Belus dans la Tourbe, commande de joindre le guerrier avec celui qui ne désire point combattre ; **par conséquent à Mars le Dieu de la guerre, est assigné l'union avec Saturne, qui se réjouit de la paix**, et dont je n'ai point besoin de raconter le royaume, celui-ci étant bien connu de tous. »

nouveau fait entendre. Que celui qui a des oreilles pour entendre entende, et je puis assurer que tout l'art consiste en ces quelques mots, qui sont si clairs et si nets pour un fils de l'Art, qu'il n'est pas nécessaire d'en dire plus.

Il n'est pas non plus nécessaire d'en écrire de grands volumes et de grandes feuilles à ce sujet ;

après, l'Art peut être présenté en peu de mots, ce que l'auteur de *la Maison de la Lumière* [45] a bien considéré, comme on peut le voir clairement dans ses courtes paroles interrompues, dont il se sert dans son petit traité, entre autres, il prononce ces paroles courtes et réfléchies : La Coagulation de notre Eau, et la Dissolution de notre Terre sont les deux plus grands et plus difficiles opérations, et travaux de l'Art ; ces deux choses sont deux clefs opposées, l'Eau ouvre et la Terre ferme, regardez donc bien, que vous ne mettiez rien que ce qui est de sa

---

[45] Thomas Vaughan, *Aula Lucis Or The House Of Light* (trad. *La Maison de la Lumière*) (1651).

propre nature ; si vous le préparez, c'est déjà bien assez : il se coagule et se dissout lui-même, et passe par toutes les couleurs par la force de son propre soufre ou feu interne, auquel il ne manque qu'un réveil, ou, pour parler clairement, une cuisson naturelle médiocre.

Chacun sait comment faire bouillir de l'eau dans le feu, mais s'ils savaient faire bouillir du feu dans l'eau, leur connaissance naturelle s'étendrait bien au-delà de la cuisine[46].

Vous voyez maintenant, cher Lecteur, ce que les Philosophes utilisaient comme expressions à toutes les époques, et qui peut ici sortir des barrières établies ? N'avez-vous pas été exposé à de la boue de qualité, avec un

---

[46] Thomas Vaughan, *Aula Lucis Or The House Of Light*, extrait: « La coagulation de notre eau et la solution de notre terre sont les deux opérations les plus grandes et les plus difficiles de l'art, car ce sont deux clés contraires : l'eau ouvre et la terre ferme. Veillez donc à n'ajouter au sujet que ce qui est de sa propre nature, car lorsqu'il est préparé, il est tout à fait suffisant. Il se coagule et se dissout lui-même, et passe par toutes les couleurs, et cela en vertu de son propre soufre ou feu intérieur, qui ne demande rien d'autre qu'une excitation, ou, pour parler clairement, une coction simple et naturelle. **Tout le monde sait comment faire bouillir l'eau dans le feu ; mais s'ils savaient comment faire bouillir le feu dans l'eau, leur médecine dépasserait le cadre de la cuisine.** »

déversement vigoureux ? C'est pourquoi, mon cher Lecteur, considérez attentivement tout ce que j'ai mis ici pour votre bien, par compassion, lisez-le et faites-le bien souvent, et vous arriverez enfin, quand Dieu vous en aura donné la possibilité, et après avoir traversé assez longtemps cette mer d'erreurs et d'ombres si diverses. Vous pourrez ainsi atteindre le rivage de la sagesse avec une grande joie, et vous serez récompensé de votre travail.

Enfin, soyez tout aussi désireux de sortir de ce monde, dont la plus grande gloire est toute vaine et éphémère, et portez le désir ardent de rejoindre la Colombe de Noé, car nous ne pouvons plus trouver de lieux, dans ce grand espace et tempête du monde, d'endroit, où nos âmes immortelles trouveront un peu de repos, pour être accueillies dans l'Arche, où Dieu est tout en tout.

Post-scriptum
Au Lecteur bienveillant !

Le Lecteur bien-aimé s'étonnera, s'il n'est pas dupe, que dans mon petit traité, je me contredise quelque peu, en vantant dans un endroit ce que j'ai rejeté dans un autre, ce à quoi il sera répondu que je n'ai rien écrit d'autre que la pure et loyale vérité ; dans notre description, les choses se déroulent de la manière suivante : c'est dans le discours que l'on doit le plus apprendre à se taire, et ce que l'on tait, on le fait comprendre un peu plus clairement dans un autre type de discours.

Je ne peux pas m'exprimer plus clairement que cela, c'est pourquoi je suis obligée d'être très brève dans ma doctrine, mais le Lecteur bien-aimé peut être assuré que ce sont là des paroles dont chacune a son poids, si vous êtes bienheureux et si vous savez reconnaître la vraie Matière, vous observerez avec soin la séparation et la conjonction exacte, et si, en plus de cela, vous filez et préparez votre fil dans la forêt de Diane, afin que les deux

Colombes[47], avec leurs ailes apaisées, puissent atténuer la cruauté du chien de Corascène[48], vous arriverez sans doute à une fin heureuse. Si je peux remarquer que ce petit Traité n'éveille pas le mécontentement des amateurs de cet Art, alors, si Dieu me donne vie et santé, un autre Traité suivra de ma part, qui sera peut-être un peu plus claire, bien que celui-ci soit déjà assez clair pour les fils de l'Art, avec l'ajout de tout le cours de ma vie, dans lequel on verra que je n'ai acquis cette science ni sous une tente de roses, ni en marchant oisivement, ni sur les bancs de

---

[47] Irénée Philalèthe, *L'Entrée Ouverte au Palais Fermé du Roy* (1645), Chap. 7-6 : « Toutefois il se trouve, dans la forêt de Diane, **deux colombes** qui adoucissent sa rage insensée (si on les applique avec l'art de la Nymphe Vénus). Alors pour empêcher que cette hydrophobie ne le reprenne, plonge-le dans les eaux, et qu'il y périsse. A ce moment le Chien Noirâtre Enragé, suffoqué, incapable de supporter les eaux, montera presque jusqu'à leur surface: chasse-le à force de pluie et de coups, et fais le fuir bien loin: ainsi disparaîtront les ténèbres. »

[48] Irénée Philalèthe, *L'Entrée Ouverte au Palais Fermé du Roy*, Chap. 7-5 : « De là naîtra le Caméléon, c'est-à-dire notre Chaos, où sont cachés tous les secrets, non pas en acte, mais en puissance. C'est là cet enfant Hermaphrodite, empoisonné dès le berceau par la morsure du **Chien enragé de Corascène**, à cause de quoi une hydrophobie permanente, ou peur de l'eau, le rend fou et insensé; et alors que l'eau est l'élément naturel le plus proche de lui, il l'abhorre et la fuit. O Destins! »

bavardage où s'assoient généralement les femmes (mais pas toutes, car il y a là aussi une grande différence), mais d'une manière bien différente, c'est-à-dire par de multiples méditations et spéculations diurnes et nocturnes, avant de réaliser ce que le grand maître voulait dire (je peux bien dire en toute vérité que j'ai passé plusieurs nuits à suer sur Philalèthe, et je l'ai laissée m'agacer).

Que les chers Lecteurs se satisfassent de ce petit ouvrage, peut-être qu'à l'avenir ma plume se laissera un peu plus aller, et qu'il sera alors question, en particulier, du travail de finalisation (tel que la perfection de l'excellent Élixir) de manière très franche, et que la variété des couleurs, qui consistent en un arc-en-ciel céleste, sera montrée de manière très claire et très nette : vous vous étonnerez alors que j'ai pu suivre les traces du bien-aimé Philalèthe. Je souhaite par la présente à tous les justes un bonheur éternel.

Celle qui, dans la grande Lumière, a vu la Lumière, a trouvé dans la petite Pierre le grand Rocher.

Bénis donc le Seigneur, ô, mon âme ! Je louerai le Seigneur tant que je vivrai, et je chanterai les louanges de mon Dieu tant que je serai là.

De Leona Constantia,
« Le Tournesol des Sages[49] » :
d'une Anglaise, Johanna Leade :

La Matière dont est faite notre Pierre est un Être disgracieux, méprisé par la plupart, on ne trouve pas chez lui la moindre beauté ; il est parfois aux pieds de tout le monde, il n'est même pas considéré comme digne d'attention ; il n'est reconnu que par l'œil du Sage. C'est précisément la Matière avec laquelle Dieu a créé les cieux et la terre au commencement, c'est-à-dire à partir d'une masse ; prends cette masse et agis avec elle comme Dieu l'a fait au commencement, lors de la création des cieux et de la terre. Cette terre était déserte et vide, il y avait des ténèbres sur l'abîme ; ce même abîme était plein de ténèbres épaisses, comme un brouillard noir, et l'Esprit de Dieu planait sur

---

[49] Traduction allemande du livre: *Hermetisches A.B.C. derer ächten Weisen alter und neuer Zeiten vom Stein der Weisen. Erster Theil* (1778). Trad. : A.B.C. Hermétique des Sages Anciens et Modernes sur la Pierre Philosophale. Première partie (1778). p. 172.

les eaux, pesant sur le chaos brumeux, le poussant à se resserrer sur lui-même, à devenir épais comme de l'eau, et à sortir des ténèbres comme la lumière, etc.

Allez avec les mages jusqu'à Bethléem, et même jusqu'au berceau du roi nouveau-né, et vous trouverez dans un seul sujet le fondement philosophique et la racine, dans lesquels sont cachés les trois commencements, l'Esprit, l'Âme et le Corps, et le début, le milieu et la fin de l'Œuvre. Ce sujet doit d'abord être purifié au plus haut point, puis décomposé, brisé, réduit en cendres et en huile. Celui qui connaît l'huile et sa dissolution, ainsi que la coagulation et la distillation, connaît le secret et la raison du Tartare des Sages : mais le plus intime de cette huile doit être extrait et retourné ; car l'esprit seul donne la vie, le corps seul ne peut rien. Celui qui a cet esprit a aussi l'huile. Je mets en garde contre les métaux et les minéraux, qu'ils s'appellent comme ils veulent, or, argent, tous les métaux, mercure, vitriol, antimoine, etc. En somme, tous les

Métaux et Minéraux ne sont pas du tout utiles à notre œuvre ; sans exception : ce que j'atteste hautement ! De même, tous les végétaux et les animaux sont totalement inaptes à cet usage. Il est vrai qu'il s'agit d'une Semence métallique : il faut s'enquérir de cette humidité fondamentale et demander à Dieu de la connaître. Il est vrai que Salomon dit dans le livre de la Sagesse 12 : ton esprit incorruptible est dans tous les corps (comprenez les métaux, les minéraux, les végétaux et les animaux) mais nous n'avons pas besoin de chercher cet esprit et le commencement de toutes choses, dans tous ces corps ; la nature nous a présenté quelque chose de plus proche, dans lequel nous pouvons chercher et trouver cette Semence. Ainsi, notre matière est un être de peu d'apparence, mais sa nature cachée, qui agit sur tout ce qu'elle contient, s'élève comme une montagne, et de là jaillissent toutes sortes de couleurs, de toutes sortes de genres. Elle se trouve en tous lieux, elle est la véritable ouvreuse, la véritable fermeture et la véritable pénétrante de toutes choses, la véritable Étoile signée, le vrai remède des sages, elle vient d'une semence pure, appelée Chaos ; elle est précisément ce sur quoi planait l'Esprit de Dieu au commencement. Parce que Dieu, par sa parole, son esprit et son souffle, a donné la vie à toutes les créatures et à toutes les natures, il a produit, à partir d'une matière unique qui n'était rien, toutes les espèces et toutes les forces des créatures, avec deux substances, visiblement mortes et corporelles, invisiblement vivantes et volatiles et spirituelles, et avec trois éléments, le corps, l'âme et l'esprit, et même avec quatre éléments, le feu, l'air, l'eau et la terre : il a donc réuni dans une matière singulière l'éternel céleste, le terrestre et le temporel, le bon et le mauvais, et c'est en cela que consiste notre matière unique pour notre pierre ou notre médecine. En dehors d'elle, il n'y a pas d'autre matière que notre seule matière unique. Celle-ci est née de l'Esprit de Dieu avant d'être une Semence si élevée et si pure. Personne ne reconnaît qu'elle est dotée d'une si grande force intérieure, cette matière si petite à l'extérieur, mais si glorieuse à l'intérieur, dont nous séparons le pur de l'impur. Il n'en sort que l'Eau de Vie, qui ne mouille pas les mains. Si vous avez ceci, vous avez tout ce qu'il vous faut : « O eau délicieuse et glorieuse, notre fontaine, le bain de notre roi et de notre reine ». Cette mère, qui t'a donné un fils, doit être enfermée dans le ventre de son enfant, selon leur affection à tous les deux ; ils sont d'une même racine et d'une même nature. Cette Eau de Vie donne la vie à toutes les choses qui croissent, elle rafraîchit, fait croître et verdir, elle fait revivre les corps morts. Par la dissolution et la sublimation dans un tel travail, le corps est transformé en esprit, et l'esprit en corps, et ils unissent, l'un communiquant sa nature à l'autre, le chaud sec et dur, avec le froid humide et mou. La dissolution du corps dans son eau est en même temps une mort-vivification du corps et de l'esprit, à une chaleur très douce. Toute l'œuvre reçoit son nettoyage, par notre eau humide. Dans une telle dissolution et sublimation naturelle, il se produit une combinaison des éléments, une séparation du pur et de l'impur, le blanc pur s'élève dans les hauteurs, alors que le terrestre impur reste au fond du récipient. C'est la clef de toute la réussite de la préparation et de la finition, et c'est ce qu'il faut apprendre.

Avant la dissolution et la sublimation, il y a notre calcination ; tout cela ne se fait pas en peu de temps. Philalèthe en parle en détail dans *le guide du rubis céleste*. C'est un travail d'Hercule : en effet, que n'a-t-on pas peiné à chercher la vraie matière première, puis à la composer correctement, dans ses proportions internes et externes ? Que de peine, de travail et de temps pour préparer les aigles à voler ? Que de temps encore pour que l'aigle se batte avec le dragon, pour que le corbeau naisse de notre crapaud qui se nourrit dans la boue ? Et pour que le corbeau laisse s'envoler de sa bouche la blanche colombe ? Enfin, que s'est-il passé avant la naissance de la salamandre qui vit dans le feu ? C'est l'arbre de vie, pour la santé de notre corps, et la source de la prospérité éternelle. Que celui qui l'obtient rende gloire à Dieu, et qu'il soit aussi prêt, si le Très-Haut le veut, à tout remettre à ses pieds ; car ces gloires ne sont que des choses passagères et ne sont en rien comparables à la gloire éternelle ; d'autant plus que toute la vie terrestre n'est que misère et tristesse jusqu'à la mort.

Au sujet de Jane Leade

Tiré de l'ouvrage : *Bibliotheca Chemica*: Un catalogue de livre d'alchimie, de chimie, de pharmacie dans la collection du regretté James Young of Kelly et Durris, Esq., F.R.S., F.R.S.E. par John Ferguson, Volume 2. Glasgow. James Maclehose and Sons. Publisher to the University. 1906.

LEADE (Jane).
Sonenblume der Weisen[50], das ist: Eine helle und klare Vorstellung der Praeparirung defs Philosophischen Steins, neben Bestraffung derjenigen welche sich ohne Grund hierinen bemühen. Wie auch eine Wohlmeinende Warnung in was vor Materien man sich hierinnen zu hüten, indem die Authorin ihre selbsteigene Thorheiten, so sie in ungegründeten Arbeiten begangen, aller Welt vor Augen stellet. Zum offentlichen Druck verfertiget und an das Tageslicht gebracht von Leona Constantia in Afflictionibus triumphante. Im Jahr 1704. 12°. Pp. 120.

Aus Leona Constantia Sonnenblume der Weisen[51].
Voir HERMETISCHES A. B. C, 1778, i. p. 172.
Voir MYSTERIUM Magnum.

Jane Ward, fille de Schildknap Ward d'une famille du Norfolk, est née en 1623. Elle épousa son cousin, William Lead, ou Leade, et, à la mort de ce dernier, peu de temps après, elle vécut retirée à Londres et se consacra à la vie religieuse, pour laquelle elle s'était

---

[50] Le Tournesol des Sages.
[51] Leona Constantia, le Tournesol des Sages.

sentie appelée par une voix mystérieuse alors qu'elle était encore une jeune fille.

Elle étudia Boehme et écrivit des livres mystiques, dont l'un, traduit en néerlandais et en allemand, la fit connaître sur le continent. Francis Lee[52], à son retour de Venise en 1694, tomba sous le charme de son livre et la chercha à Londres, où elle l'adopta comme son fils et devint son disciple.

Quand elle perdit la vue, il l'assista, s'occupa de sa correspondance, écrivit sous sa dictée et édita ses livres. Lee fut le fondateur de la Société des Philadelphiens qui comprenait non seulement Mme Leade, mais un certain nombre de mystiques de l'époque, ses disciples, et elle leur écrivit certains textes. Pordage, l'un des membres, a écrit une lettre qui semble lui être adressée (voir John PORDAGE).

Ils rédigèrent une constitution et imprimèrent leurs Traités, qui parurent en cinq numéros, de mars à novembre 1697, et forment, avec d'autres documents, un petit volume in-4°. Ce livre est devenu rare. Vers la fin de sa vie, elle était dans une situation précaire. Elle mourut le 19 août 1704 et Lee écrivit un récit de ses dernières heures. Ses œuvres sont nombreuses (…) ; elles sont toutes mystiques et ne font pas référence à la chimie ou à l'alchimie.

---

[52] Francis Lee (1661 - 1719) était un écrivain et médecin anglais, connu pour ses liens avec les Philadelphiens.

Printed in Great Britain
by Amazon

32981742R00071